El regreso de la ballena

El regreso de la ballena

© Santiago Rodríguez, 2016

Primera edición, 2011
Segunda edición ampliada, 2016

Diseño gráfico: Luis G. Fresquet
www.fresquetart.com
luisgfresq@hotmail.com
Foto del autor: Adrián López Ballester

ISBN-13: 978-1533240576
ISBN-10: 1533240574

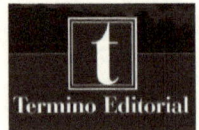

Publicado por:
Término Editorial
P.O. Box 8405
Cincinnati, Ohio 45208

ISBN-10: 153340574

9 781533 240576

TEC-IT.COM

Santiago Rodríguez

El regreso de la ballena

t

Termino Editorial

Agradecimientos

Carolina y Genaro Garmendia
Isabel Fernández y Pepe Rodríguez
Graciela y Pedro Constanzo
Mario Naito
Jorge Villa
Albertico Ramos, Georgina Ramos y Lourdes Díaz

Soporte técnico: Orlando Alomá
Montaje y luminotecnia: Jorge Losada
Archivo: Agustín Gordillo
Cinematografía: Adrián López Ballester
Edición: Luis G. Fresquet

Actuación especial: Miriam Gómez de Cabrera Infante

Contenido

El cine de los años 50 al desnudo   9

Las películas más sobresalientes de 1950   15

Las películas más sobresalientes de 1951   37

Las películas más sobresalientes de 1952   55

Las películas más sobresalientes de 1953   77

Las películas más sobresalientes de 1954   99

Las películas más sobresalientes de 1955   119

Las películas más sobresalientes de 1956   137

Las películas más sobresalientes de 1957   161

Las películas más sobresalientes de 1958   185

Las películas más sobresalientes de 1959   207

Índice de películas reseñadas   239

El cine de los años

50 al desnudo

La década del 50 es una década clave en el cine americano. No solo rompe con los estereotipos de hombres y mujeres idealizados que llenaron la pantalla a tutiplén y el necesario sacrificio de una sociedad producto de la Segunda Guerra Mundial con héroes y más héroes sino que se enfrenta, lucha y se sobrepone a un recién enemigo poderoso que amenazaba con destruir a Hollywood como industria: la televisión. Más aún, la encarnizada lucha contra la izquierda artística llevada a cabo en el sector por el senador McCarthy y la influencia de la clase media en su verdadero esplendor obligan al cine de estos años a ser un partícipe activo del acontecer diario. Nuevas estrellas, nuevos métodos de actuación, nuevos directores con un lenguaje diferente al que el público se había acostumbrado. El cine americano logra imponerse introduciendo una variedad revolucionaria de sistemas de proyección. Surge el CinemaScope, la 3D, el Cinerama, una amplia gama de pantallas anchas (VistaVision, SuperScope, WarnerScope, MGM Camera 65, Panavision, Super Panavision-70, Todd-AO, Technirama, Naturama) y hasta el proceso de proyección con olor conocido como Smell-O-Vision. El Technicolor da paso a los colores llamados transparentes (Eastmancolor, Ansco Color, Metrocolor, WarnerColor, De-Luxe Color, Pathécolor, muchos considerados derivaciones del original Eastman). Los temas sobre la guerra fría, al igual que los de la guerra de Corea, los asuntos de inmigración, los interraciales, la evasión por medio de colosales musicales (hasta la desafortunada *Kismet* dirigida por Vincente Minnelli en 1955 es opulenta), la ciencia-ficción, los excesos de films *noir* de categoría media (chantajear y matar son asuntos que entretienen al ciudadano corriente) e infinidad, por no decir millonada, de películas de vaqueros para todos los gustos se hacen testigos a través de este medio del llamado engrandecimiento de los Estados Unidos, a pesar de sus tantas contradicciones. La amenaza de la televisión terminó en una simbiosis beneficiosa para ambos. Gracias a esa unión el cine se enriqueció con una nueva forma de ver las cosas y también de fotografiarlas. Ganó en realismo y en una competente remesa de guionistas y directores jóvenes. *Marty* (1955) y *The Bachelor Party* (1957), ambas de Delbert Mann, son los mejores ejemplos. El apogeo de los filmes épicos culmina con *Ben-Hur* (William Wyler, 1959). Y la terrible época de la división artística en dos bandos a causa del macartismo se recrea en oestes alegóricos como *High Noon* (Fred Zinnemann, 1952) y *Johnny Guitar* (Nicholas Ray, 1954). A su vez, la televisión rescató películas olvidadas y sepultadas que estaban fuera del uso comercial porque no encontraban lugar para ellas (las del director Edgar G. Ulmer entre muchas). Gracias a la televisión la historia del cine echó cimientos más sólidos. La década del 50 glorifica el término *"Star System"* y hace de la entrega del Oscar el primer espectáculo con referencia cinematográfica a nivel mundial. La estatuilla dorada se hace conocer en el mundo entero. Es precisamente la década del 50 la que impone tres mitos irremplazables: Marilyn Monroe, James Dean y Marlon Brando. Y la que echa abajo el Código Hays de lo que se debe o no se debe decir y plantear en el cine. Es también el último baluarte del sistema de estudios y protección de las estrellas bajo contrato, la desbandada, filmo con quien me convenga; algunos se enriquecieron y otros tuvieron que esconderse en la televisión donde encontraron su fortuna. El cine en blanco y negro comienza su declive. Lo que vino después es tema para otro libro. Nada mejor para ilustrar, desnudar esta década, que la presentación y valoración de lo más significativo (no necesariamente lo mejor desde el punto de vista artístico) que se exhibió cada año. La selección para el Oscar, el criterio de la prensa extranjera a través de los Globos de Oro, la participación en festivales internacionales (Venecia, Cannes, Berlín, Karlovy Vary, Mar del Plata) son termómetros de referencia en la confección de esta selección, sin olvidar las numerosas revistas especializadas que inundaban los estanquillos. Y una de ellas, *Who's Who in Hollywood*, un magazine de carácter anual publicado por la Dell Publishing Company, la que en sus páginas iniciales generalmente abría con "Las 10 mejores películas del año", ya sea por calidad artística, actuación sobresaliente o popularidad y ganancias recibidas la que mejor se adaptó a la selección que aquí presentamos. Muchas películas tuvieron que quedarse fuera en esta guía cuando debieron estar, aunque queda abierta la discusión y la enajenación para los que deseen iniciarse en este nuevo oficio surgido precisamente a mitad del Siglo XX de amar y hablar de cine hasta los incontrolables e indefinibles límites de la pasión según su padrino mayor: Guillermo Cabrera Infante.

Las películas más sobresalientes de
1950

1. *All About Eve* (escrita y dirigida por Joseph L. Mankiewicz) Bette Davis, Anne Baxter, George Sanders, Celeste Holm, Hugh Marlowe, Gary Merrill, Thelma Ritter, Gregory Ratoff, Marilyn Monroe

All About Eve/La malvada/Eva al desnudo/Todo acerca de Eva ocupa el lugar número 16 entre las 100 mejores películas americanas destinadas a ser preservadas como deleite, entretenimiento e historia de las futuras generaciones de Estados Unidos. Y no en vano la AFI (American Film Institute) la seleccionó. Ambientada en el mundo de Broadway, alguien señaló que nada mejor que las tablas para exponer tanta ruindad y avaricia en ese gran escenario que es el mundo y donde los seres humanos sus actores. De todos los medios artísticos es el teatro, sin reparo alguno, el más violento y demoledor y quien haya sobrevivido en él por muchos años, miradle las manos, que no son manos, sino garfios de acero inoxidable. Aunque en los trabajos de mesa de *All About Eve* se dice que Tallulah Bankhead rechazó el papel de Margo Channing, la verdad es que nunca se lo ofrecieron porque era demasiado de su vida. Se comenta que fueron esos años en que se dedicó a hacer de Lizabeth Scott una estrella, o la Scott se aprovechó de Tallulah lo mismo que Eva Harrington haría en el film con la Davis para salir adelante. Por su parte, Joseph L. Mankiewicz siempre manifestó que esos comentarios eran charlatanerías de la Bankhead y que la inspiración del guión le surgió del cuento *The Wisdom of Eve* de Mary Orr, inspirado a su vez en un relato verídico que la actriz Elizabeth Bergner le confesó a su autora haber vivido (sufrido hasta la saciedad) con Martina Lawrence. Y que sí, en su momento él pensó que Tallulah encajaba a las mil maravillas como Margo Channing, pero quién le controlaba su adicción a las drogas y el carácter explosivo repartiendo bofetadas por los estudios a trote y moche con esos aires de gran diva. La primera elegida que cuenta en los anales fue Claudette Colbert, que por lesiones sufridas en la espalda tuvo que abandonar la filmación. Zanuck quería a toda costa empujar a su preferida Susan Hayward por temperamental, pero lucía y de verdad era muy joven para haber acumulado tanto mundo. A Marlene Dietrich la eliminaron por ser demasiado alemana. Y Gertrude Lawrence, a punto de ser la beneficiada, puso condiciones inaceptables, que en alguna escena apareciera un piano donde se pudiera sentar y cantar una canción como quien no quiere las cosas. Entonces fue que la Davis cayó de bate emergente, una acertada probabilidad en un millón. Con Anne Baxter/Eva Harrington sucedió algo parecido, la suerte de que Jeanne Crain, favorita de Mankiewicz, saliera en estado le facilitó el camino. Y el pequeño papel de Marilyn Monroe fue otro tanto. ¿Por qué insisten? ¿Quién es ella? ¿Ella? Como dice George Sanders/Addison DeWitt, que abre la película en un salón de premiaciones y en base a *flashbacks* comienza a contar todo acerca de Eva, refiriéndose en particular a la Marilyn/Miss Caldwell en una parte de la trama cuando la tiene que presentar, "ella ha estudiado en la Escuela de Arte Dramático de Copacabana". *All About Eve* recibió 14 nominaciones al Oscar y sólo fue igualada por *Titanic* (James Cameron) en 1997. La única vez que cuatro mujeres en un mismo film fueron nominadas: Bette Davis y Anne Baxter como principales, Celeste Holm y Thelma Ritter como secundarias. George Sanders durmió esa noche con el premio en casa, lo había sudado limpiamente. Fue un año duro para las mujeres en competencia, ninguna de estas cuatro salió vencedora. Bette Davis tuvo que esperar por el Festival de Cannes donde la reconocieron. Fue el comienzo de la mitificación de esta película. En 1970 lanzaron en Broadway la versión musical *Applause* con Lauren Bacall como Margo Channing y alcanzó un éxito con más de 700 representaciones. Y en España, Pedro Almodóvar, su admirador absoluto, filmó en 1999 la cinta *Todo sobre mi madre* en franco homenaje al título. Y es Almodóvar, regodeándose en el personaje interpretado por Marisa Paredes en dicha película, quien insinúa algo muy presente como segunda lectura de *All About Eve*: el mundo del teatro y la homosexualidad, tanto en las mujeres de este drama (Margo Channing/Bette Davis, Eve Harrington/Anne Baxter, Karen Richards/Celeste Holm) como en los hombres que las secundan (Addison DeWitt/George Sanders, Lloyd Richards/Hugh Marlowe). Un mundo donde unos deciden hacer matrimonios pantallas, pura escenografía y otros permanecen impávidos. Si no estás dentro no puedes entenderlo, me dijo un día un actor retirado, son muchos los personajes que nos ponen a representar. No digas que yo lo dije, pero aparte del talento triunfan los inescrupulosos, así es el medio. Y así él se llenó de triunfos, logró mantener su nombre en escena por muchos años, aunque en pequeños papelitos. Y así pasaron los aplausos, de los cuales sigue viviendo en el recuerdo. ¿Qué más quieren saber acerca de Eva?

2. *Sunset Boulevard* (Billy Wilder) Gloria Swanson, William Holden, Nancy Olson, Erich von Stroheim

Que Gloria Swanson fuera la elegida para interpretar a Norma Desmond todavía hoy cuenta como un milagro de Dios para confirmar su adulterada existencia. En el mundo de Hollywood el Señor de los Cielos más de una vez intervino, merodeó, hasta se dice que vivió por un tiempo una existencia terrenal en ese boulevard que corre desde Los Angeles hasta Beverly Hills en California y que dio título a la película: *Sunset Boulevard*. La primera elegida fue Mae West, pero enseguida puso como excusa que ella siempre trabajó en el cine hablado y que de aquella época silente, como de su niñez, no guardaba memoria, la había sepultado enseguida que pudo en la nada. Luego vino Pola Negri, pero Billy Wilder se consternó con su fuerte acento polaco. Mary Pickford se negó de cuajo al saber que en el guión una tal Norma Desmond, sería ella, caía en amores con un hombre mucho más joven, que además era un gigoló. ¿Y entonces cómo fue la cosa? George Cukor, con su furioso instinto de mujer, le sugirió a Wilder el nombre de Gloria Swanson porque era de todas «esas» la que más se le acercaba en extravagancias al personaje. En 1925, la Gloria llegó a reunir 10,000 cartas semanales de sus admiradores. De 1920 a 1930 vivió en un barroco palacio de estilo italiano. Y como su coetánea, Norma Desmond fue incapaz de adaptarse a la llegada del cine sonoro. Y corriendo, Cukor fue a casa de Gloria, el plan está cuadrado, le dejé abierta la curiosidad, tú aceptas todo lo que Billy diga y cuántas pruebas quiera hacerte. Este es tu gran regreso, no habrá otro. Si él titubea no te des por aludida, Gloria, tú no has sido el único caso de desprecio. Wilder tampoco quiso a William Holden, estaba detrás de Montgomery Clift, que huyó de inmediato. En *The Heiress* (William Wyler, 1949), argumentó Monty, me enredaron con una solterona; en estos días duermo de verdad con gente de edad y ahora me ofrecen una momia de los tiempos de mi abuelita. Señor Wilder, quiérame un poquito más, no me ofrezca ese papel, me sobran bolas, pero me falta hígado. Desilusionado por partida doble, Wilder aceptó a regañadientes a la Swanson y a Holden, pero insistió incluir otros rostros, que como extras, decoraran y ambientaran el mundo de Norma. Erich von Stroheim sería su criado, después de haber sido su marido y su director de cine. Y de apariciones breves, chispazos del ayer, Cecil B. DeMille, Buster Keaton, H.B. Warner, Anna Q. Nilsson y Hedda Hooper. El guión fue compartido por el propio Wilder, Charles Brackett y D.M. Marshman Jr. Lo que cada uno aportó por su cuenta es objeto de semestres universitarios dedicados a estudiar en detalle los detalles del film. *El ocaso de una vida/El crepúsculo de los dioses* es la cumbre del kitsch, su torre Eifell, su Estatua de la Libertad. Es una parodia de una parodia con todas las de la ley, a niveles sinfónicos, lo que provocó durante su estreno que algunos sabihondos no supieran aquilatar el sentido de lo que Wilder quiso expresar y dijeron, es una lasca de queso Roquefort por la cantidad de agujeros que se empeñaron encontrarle desde su inicio, por ejemplo, un muerto flotando con los brazos abiertos en la piscina de una mansión decadente es el narrador de la historia. Desde los tiempos de *Casablanca* (Michael Curtiz, 1942) no habían existido parlamentos tan amorosamente elaborados. Joe/William Holden le dice a Norma cuando la ve por primera vez: Era usted grande. Norma/Gloria Swanson responde: Soy grande. Son las películas las que se han hecho pequeñas. O en la escena final de la locura a lo Lucia di Lammermoor, con todos los reflectores sobre ella donde se la va tragando la incandescencia, moviendo las manos como un par de cobras seductoras: Mr. DeMille, yo estoy lista para el *close-up*. La genialidad de Wilder en esta película es el haber construido una historia aparatosa, con excesos, pero tan bien cuidada en lo que cada exceso debe durar y hasta dónde llegar con la aparatosidad para no caer en la delincuencia del mal gusto, que son esos los factores que la hacen un espectáculo de primera. Erich von Stroheim aceptó con benevolencia trabajar en el film, a pesar de la gran enemistad que Gloria le guardaba desde los tiempos de *Queen Kelly* (Erich von Stroheim, 1928) cuando él quiso que un actor depravado, mascando tabaco, le escupiera la mano, hasta aquí llegamos, nene, respondió ella sublevada, no hay Reina Kelly, y finamente, ni un carajo, me largo. Erich von Stroheim aceptó trabajar con dos condiciones: que se utilizaran, de ser posible, algunos *rushes* de *Queen Kelly* y una escena en que él apareciera en pantalla lavando con candor y fetichismo la ropa interior de la Desmond, oliéndola con arrobación y salpicándola delicadamente con unas pocas gotas de perfume. Wilder, luchando por conseguir la ciudadanía americana, se asustó de que pudieran deportarlo por enfermo sexual y soslayó la segunda condición. De haberla aceptado, *Sunset Boulevard* figuraría dentro de las pocas obras maestras de la sofisticación y el libertinaje mental de un creador dispuesto a pagar su precio en aras de la consagración de un Arte Mayor. Tal como fue editada, *Sunset Boulevard* sigue siendo un monumento, a pesar de haber ganado sólo tres Oscar inicuos: Mejor dirección artística y ambientación en blanco y negro, Mejor banda sonora para una película no musical y Mejor guión original. Esa noche de entrega de los premios, Gloria Swanson lloró auténticas lágrimas de amargura, no estuvo lista para el *close-up*. El maquillaje se le hizo un verdadero fango en la cara.

3. *Born Yesterday* (George Cukor) Judy Holliday, William Holden, Broderick Crawford

La tonta Billie Dawn/Judy Holliday se le fue por encima a Gloria Swanson, a Bette Davis, a Anne Baxter y a Eleanor Parker la noche del Oscar, marchó a casa con la estatuilla en la mano. La que más lo sufrió fue la Swanson, en lo que se consideró un regreso promisorio de una de las grandes del cine mudo y una despedida catastrófica, otra oportunidad como esa no la iba a encontrar jamás. De hecho, no la encontró. Judy Holliday traía de Broadway a la Billie Dawn (tres años en escena, 1200 representaciones) que en un principio Garson Kanin, el escritor de la obra, había concebido para su amiga Jean Arthur. Harry Cohn, manager de la Columbia Pictures, dudó que una desconocida pudiera sacar adelante, en cuanto a venta de taquilla, la versión fílmica de *Born Yesterday* que él había manejado para Rita Hayworth. Rápidamente Katharine Hepburn y Spencer Tracy, amigos de la Holliday, así como el propio Kanin como guionista y George Cukor como director le inventaron un papelito en *Adam's Rib* (1949) para darla a conocer y por poco la Holliday borra del mapa a la Hepburn en algo insólito, innato en su personalidad: sin quererlo se robaba las escenas donde aparecía, no necesitaba abrir la boca. Y si la abría, pobre de los otros actores que la acompañaran en la escena. La salida inicial de Billie Dawn en *Born Yesterday* sobrepasó los pronósticos y de ahí en adelante Judy no deja caer ni un solo instante el film. William Holden es el Pigmalión encargado de educarla porque la Judy es una imbécil de pacotilla con cierto corazoncito que su amante, el político/gángster Broderick Crawford no sabe que lo tiene y necesita que ella se entretenga un rato cultivando la mente y otras basuras intelectuales mientras la embauca en sus negocios sucios, peligro, esa mujer tiene ego y le resulta cara la jugada. Para su papel de tutoría, a William Holden le tiñen el pelo de rubio y le ponen espejuelos, lo que despertó una fantasía muy extraña entre sus fans, que haga el amor con ellos puestos, a lo Paul Verrall, el profesor de Billie en *Nacida Ayer*, como se conoce ese tipo de coito de alta comedia en círculos especializados en innovaciones dentro de la fornicación. Acusada de comunista, Judy Holliday fue una de las pocas actrices que pudo seguir trabajando en Hollywood, pero no en la radio ni en la televisión durante tres años porque en esos medios podría ser una verdadera amenaza roja entrando a millones de hogares. Después de *Born Yesterday*, Judy Holliday realizó seis películas más y murió a los 43 años de edad, de cáncer del seno. Después de *Born Yesterday*, George Cukor la volvió a dirigir en otras dos ocasiones. Siempre arriba con mucho amor y algo bastante raro de encontrar, encanto.

4. *Father of the Bride* (Vincente Minnelli) Spencer Tracy, Elizabeth Taylor, Joan Bennett

La propaganda habló por sí sola: Elizabeth Taylor se casa por primera vez en la pantalla. Y el estreno de *El padre de la novia* ocurre dos días después del matrimonio de la Taylor con "Nicky» Conrad Hilton Jr. en la vida real. El asunto es simple. Un hombre de mediana edad, de clase media con ingresos medios, ve destruida su tranquilidad desde el momento que su hija de 20 años anuncia que va a casarse. Spencer Tracy es el padre, en un papel de comediante con nominación al Oscar. Y Joan Bennett, cortándose el pelo de mujer fatal al que nos tenía acostumbrados en sus tiempos con Fritz Lang, es la deliciosa madre que logra convencer a Tracy con el argumento que cualquier esposa de los años cincuenta hubiera convencido a su marido, quizás robándose el diálogo de esta cinta: "Una boda. Una boda por la iglesia. A la que toda chica joven sueña, el vestido de novia, el ramo de azahares, el cake, la música. Algo hermoso para recordar para el resto de la vida. Y algo para nosotros recordar también". Una disertación encomiable. Vincente Minnelli llena de entusiasmo esta comedia hogareña, como si sus personajes fuéramos nosotros mismos y sus problemas los mismos que alguna vez padecimos. El público le puso una sola objeción: ¿Por qué filmarla en blanco y negro si pedía a gritos el color para realzarla? Porque el fotógrafo era John Alton, el rey de los encuadres de los *films noir*, y quería sentirse cómodo dentro de esta familia que a través de su cámara él trataría de mostrar convincente. Se horrorizaba que por momentos el color violeta de los ojos de Elizabeth Taylor desviara la atención de lo que se estaba contando. En 1971, Peter Bogdanovich filma *The Last Picture Show* y le rinde el homenaje más grande que pudo recibir este film cuando sus protagonistas van al Royal Cinema y están proyectando *Father of the Bride*, el rostro de la Taylor se roba la pantalla. Gracias, Minnelli.

5. *The Asphalt Jungle* (John Huston) Sterling Hayden, Louis Calhern, Jean Hagen, Sam Jaffe, Marilyn Monroe, James Whitmore, Marc Lawrence, John McIntire, Anthony Caruso

La MGM le dio luz verde a John Huston para la filmación de la novela de W.R. Burnett del mismo título. Y John Huston construyó un *film noir* muy especial, muy significativo, donde la planificación de un asalto a una joyería se va analizando cronológicamente detalle a detalle, como la obra de un genio, a la vez que se develan los diferentes tipos humanos que intervienen en el mismo, sus corrupciones externas e internas. Los resultados de la ambición colapsan en el fracaso de la acción y cada cual recibe la muerte, que si no es la que se merecen, la que sin duda se buscaron. El elenco está superdirigido por Huston, hasta los de participación menor, como una gran orquesta sinfónica aunque la verdadera música compuesta por Miklós Rózsa dura solo 6 minutos de los 112 que abarca el film: mientras aparecen los créditos hasta la secuencia en que Sterling Hayden/Dix Handley entra al café y luego vuelve a los 107 minutos de proyección, muy cerca del final. *The Asphalt Jungle* es quizás una de las películas que más versiones, plagios e imitaciones haya originado. En 1954, Jules Dassin, en su etapa de exiliado en Francia, filma *Rififí,* una excelente, pero bochornosa copia y hubo que aclararle a los europeos que *The Asphalt Jungle* estaba primero. En 1956, Stanley Kubrick parodia el film cuando realiza *The Killing*, usando de nuevo a Sterling Hayden. En 1958, Delmer Daves la toma como inspiración y filma el oeste casi inadvertido *The Badlanders*, con Alan Ladd y Ernest Borgnine. Y otra inspiración con verdaderos aciertos fotográficos fue la que sustentó Robert Wise en la trama de *Odds Against Tomorrow* (1959). *Cairo* (1963), protagonizada por George Sanders y dirigida por Wolf Rilla, fue un intento menor ambientada en el Egipto exótico. Si la escena final de Sterling Hayden tirado para morir sobre la verde pradera de la granja que lo vio nacer, junto a caballos que se le acercan para darle lengüetazos, es parte de la historia del cine, una de las más reseñadas, hay que admitir que son Sam Jaffe y Marilyn Monroe los que le sacan susto al espectador con sus actuaciones. Sam Jaffe (el fue en 1939 el *Gunga Din* de George Stevens) recibió nominación secundaria al Oscar y lo perdió en buena lid contra George Sanders. Sin embargo, en el Festival de Venecia de 1950 le entregaron la Copa Volpi a mejor actor. Y la breve aparición de la Monroe en sus comienzos es contundente, aplastadora. La chica pudo tener muchos oficios, pero el de hacer cine fue el que mejor le quedó. Marilyn fue la gracia total y el foco de atención en cualquier escena con ella presente. Dentro de su género, *The Asphalt Jungle* no admite comparaciones con otras cintas. Ella es un electrón libre que goza de su propia fama con movimiento perpetuo ascendente en tiempo y espacio.

6. *The Third Man* (Carol Reed, 1949) Joseph Cotten, Orson Welles, Alida Valli, Trevor Howard, Wilfrid Hyde-White

El tercer hombre llega a Estados Unidos un año después de su estreno en Europa, a pesar de que entre sus productores se encontraba David O. Selznick. *El tercer hombre* es una película inglesa filmada gran parte en la Viena de postguerra. La ciudad ha quedado física y emocionalmente devastada por la Segunda Guerra Mundial. Además, ha sido dividida en cuatro partes por los victoriosos aliados, capitalistas y comunistas. Y en Viena se trafica con penicilina, de más valor que el oro en ese momento. Y la penicilina está adulterada causando enormes daños, pretexto del que se valió el autor del libro, Graham Greene, para construir un guión de suspenso, una historia de cine negro. Desde sus comienzos, la cinta está exagerada con una fotografía expresionista en blanco y negro gracias a Robert Krasker, que no suelta al espectador sacándole más de un susto. Robert Krasker tenía a su haber *Brief Encounter* (David Lean, 1946) y *Odd Man Out* (Carol Reed, 1947). El Oscar de fotografía de 1950 fue suyo porque aquí Viena, según la recrea el lente, le aporta magia, rococó, Art Nouveau, adoquines, sombras, estrellas giratorias, esclusas, alcantarillados, penumbras como cuchillos y todo menos Strauss con sus archiexplotados valses fuera de lugar para un tema al duro y sin careta. Sabiamente, Carol Reed elige para musicalizar el film una música sentimental, de pequeñas heridas románticas, interpretada por Anton Karas con su cítara. La melodía, bautizada como *El tercer hombre*, es parte de la mitología y de la mitomanía del film. Se dice que la entonces jovencita princesa Margarita de Inglaterra se dormía escuchándola y tarareándola. Mucho se rumoró que Orson Welles no sólo metió la mano, sino hasta el codo en su realización. El propio Welles, por pundonor, confesó en su autobiografía que no había participado nada más que en unos pequeños diálogos, los suficientes para que los suecos perdieran la compostura y le comentaran en una ocasión al respecto: Mr. Welles, para su conocimiento, nunca hemos fabricado relojes de cuco como usted nos achaca en *El tercer hombre*. El cínico Orson miró de reojo, sonrió, no fui yo el culpable, pídanle cuentas a ese ejemplar siniestro, ¿cómo se llama?, Harry Lime, a él se le ocurrían tales maldades. Graham Greene quería un final feliz para la película, pero Carol Reed, Selznick y el propio Welles no le hicieron caso, se lo bailaron de cuajo. El final de *El tercer hombre* es un final que no se cuenta, hay que verlo. La belleza plástica del mismo se discute y discutirá en cátedras de cine dedicadas al film, hay películas que renacen cada día, per sécula seculórum. Y hay que aplaudir que muchas universidades hagan del cine y su interpretación una carrera de estudio. Se dice que en Viena, que al principio rechazó la realización, hubo displicencia con su proyección, acabaron aceptándola por demanda turística. Y ahora la mantienen en cartelera perenne. ¿A dónde vas a pasar tus vacaciones? A dónde crees tú, a la ciudad del tercer hombre, mientras el canalla cinéfilo silba la melodía.

7. *Broken Arrow* (Delmer Daves) James Stewart, Jeff Chandler, Debra Paget

Desde el principio mismo ya el espectador sabe como acaba la historia, que en ningún momento le resta interés a la trama. *Broken Arrow* es un oeste sui géneris, diferente a los que estábamos acostumbrados a ver. Es el primer intento en el cine por dar una visión de congenio entre indios y blancos, una luz de humanidad, lo que se dice en términos epatantes un «*approach*". Jimmy Stewart es el hombre designado por el gobierno de Estados Unidos para realizar ese acercamiento. Y él, que es medio tímido, medio gago, algo siempre se le traba en la garganta al emitir las palabras, hace hermandad de sangre con Jeff Chandler/Cochise y cae de rodillas frente a los encantos de Debra Paget/*Sonseeahray/Lucero de la mañana* desposándola a la usanza india, perdiéndola a manos de unos blanco negados a la reconciliación entre las dos razas.

A partir de este momento Hollywood se cuidó un poco más de retratar a los nativos de América como salvajes sedientos de sangre y de cueros cabelludos, cediendo un poco en su enfoque respecto a la conquista del Oeste, una lucha cruel de territorios, origen de los grandes capitales que sí se mancharon las manos de sangre por las grandes y verdes praderas o las minas de oro y plata. *Broken Arrow* pertenece a la lista de las películas malditas. Su guionista Albert Maltz por estar incluido en "Los diez de Hollywood" fue borrado de los créditos y su nombre se sustituyó por el de Michael Blankfort que trató de ayudarlo sirviéndole de parabán. En 1997, la Asociación de Escritores Americanos votó unánimemente porque aparecieran los nombres de todos aquellos que fueron puestos en la lista negra en los créditos de las películas, lo que hace objeto de colección la versión en VHS de *Broken Arrow* anterior a esa fecha donde Maltz estuvo cercenado, producto de la infamia y la desorientación de aquellos tiempos de guerra fría. En respuesta a algunos reclamos de que los indios fueron interpretados por blancos, qué importa esa nimiedad. Delmer Daves salva la realización cuando James Stewart nos alerta en su comienzo: *"Esta es la historia de una tierra, de la gente que vivió en ella en el año de 1870, y de un hombre cuyo nombre fue Cochise. Él fue un jefe indio de la tribu de los apaches chiricahuas. Él está envuelto en esta historia y lo que tengo que decir sucedió exactamente a como lo verán, el único cambio será que cuando los apaches hablen, ellos hablarán en nuestra lengua. Lo que tuvo lugar es parte de la historia de Arizona y comenzó por mí, aquí donde me ven cabalgando".* Con *Broken Arrow* muchos no sabían que Jeff Chandler recibió una nominación al Oscar secundario. Con *Broken Arrow*, Delmer Daves enaltece al indio americano y su cultura, le abre una nueva mirada al género del oeste.

8. *Harvey* (Henry Koster) James Stewart, Josephine Hull, Cecil Kellaway, Ida Moore, Victoria Horne, Peggy Dow, Charles Drake

En 1944 la Segunda Guerra Mundial está en su apogeo, gran parte de la juventud norteamericana se encuentra luchando en Europa, África y en el Pacífico, se cierne un mensaje de muerte y desesperanza en los hogares que dejaron atrás. Es el momento oportuno en que la periodista Mary Chase estrena en Broadway su obra de teatro *Harvey*, la cual alcanza un total de 1,775 representaciones para una duración en cartelera de cuatro años y medio y le consigue un premio Pulitzer. Es por el mensaje de evasión en el momento de infortunio que vive el país hasta mucho después de terminada la guerra y la reincorporación de miles de jóvenes combatientes sin muchas expectativas a la sociedad, que esta insulsa obra alcanza su popularidad. James Stewart/Elwood P. Dowl (durante toda la película la «P» se pronuncia con reticencia) es un curda consuetudinario al que no se le puede llamar realmente borracho porque guarda sus formas y es incapaz de hablar sandeces u ofender a alguien. Elwood P. Dowl es un caballero maduro con una filosofía amable de la vida y cuya única excentricidad es tener de amigo a un conejo de 6 pies con 3 pulgadas y media de estatura que se llama Harvey y que luego sabemos que es la materialización de un antiguo espíritu de la mitología celta identificado por «Pooka». Veta Louise Simmons/Josephine Hull (merecía el Toni, amén del Oscar secundario que le dieron, por la cantidad de veces que lo hizo en Broadway) es la hermana de P. Dowl y quiere casar bien a su hija poca agraciada y entradita en años, Myrtle Mae (actuada con grácil esmero por Victoria Horne), pero con un conejo que su hermano le quiere presentar a la sociedad la cosa va más allá de lo plausible y hay que internarlo en un sanatorio donde ella resulta la quedada y así se enreda "suavemente" esta comedia de salón y de enajenación, palabra en boga en los 50. James Stewart recita parlamentos pseudofilosóficos con el artificio de un actor experto en monólogos, pero en *Harvey* no existe ningún pathos que justifique la existencia de dicho animal o dicho Pooka. En una corta escena en un callejón, una táctica freudiana de acorralar al paciente, el doctor trata de indagar en la infancia de P. Dowl, los nombres, tal vez encuentre allí al Harvey causa de su trastorno, pero la película evade indagar en el extraño personaje. Sólo al final de la película se devela la clave del asunto cuando el taxista le dice a Veta lo que van a hacer con su hermano: "Lo van a convertir en un ser humano normal. Y usted sabe lo despreciable que son ellos". Si el mensaje de *Harvey* es el de aceptar las cosas tal y como se presentan, la vida es una fiesta diría más tarde Auntie Mame. *Harvey* es el inicio cinematográfico de la evasión social. Al año siguiente aparecieron las películas *Rhubarb* (Arthur Luban) sobre un equipo de pelota cuyo dueño es un gato y todos se sienten felices de ser apadrinados por un animal y *You Never Can Tell* (Lou Breslow) donde un perro asesinado regresa a la tierra en forma de hombre para encontrar a su asesino y arrastra de secretaria a quien en vida fue un caballo de carrera. Enajenación en todos los órdenes, gracias a *Harvey* dicen los expertos, que se ve una vez por curiosidad, dos es estar fuera de los cabales.

9. *Cyrano de Bergerac* (Michael Gordon) José Ferrer, Mala Powers, William Prince, Morris Carnovsky

Producida por Stanley Kramer y distribuida por los estudios United Artists, *Cyrano de Bergerac* es la primera versión fílmica en idioma inglés de la obra en verso alejandrino del escritor francés Edmond Rostand. Temiendo que este drama de época pudiera tener poco éxito, como ocurrió, su productor no quiso hacer una fuerte inversión, hasta sugirió que se copiara la escenografía así como los posters de propaganda de una versión francesa interpretada por Claude Dauphin en 1945, que hoy no aparece por ningún centro espiritual. Este *Cyrano* producido por Stanley Kramer es una película de pobre y poca elaborada escenografía, razón por la cual se le pidió a su fotógrafo Franz Planer que hiciera lo imposible, que aprovechara los ángulos de la cámara al máximo, así como las oscuridades al por mayor que ayudaran a enmascarar la pacotilla del cartón. Para su adaptación a la pantalla, Carl Foreman tomó la traducción libre del poeta inglés Brian Hooker efectuada en 1923. José Ferrer, graduado de la universidad de Princeton, con larga experiencia teatral en Broadway sobre todo con la puesta en escena de *Cyrano* en 1946, se llevó el rol. Aclamado como un depurado intérprete de Rostand, Ferrer fue el primer portorriqueño en ganar el Oscar. La película es en sí un fiasco en lo que al resto de los actores se refiere. La Roxana de Mala Powers fue considerada de rostro adorable pero inerte. Y a William Prince, el objeto de sus devaneos, lo calificaron de zopenco. Más por otra razón prevalece *Cyrano de Bergerac*: figura en la lista de películas malditas. José Ferrer (que se defendió como gato boca arriba y salió ileso), el director Michael Gordon, el guionista Carl Foreman y el actor Morris Carnovsky fueron acusados de comunistas y tuvieron que comparecer ante el Senado. El caso más patético fue el de Carnovsky y su esposa Phoebe Brand cuyos nombres aparecían en la lista de ocho miembros del Group Theater entregada por Elia Kazan. Para rematar, Sterling Hayden aceptó haber asistido a mítines del partido y añadió que varios de ellos se celebraron en la casa de Carnovsky, el cual se vio obligado a abandonar el cine y esconderse en el teatro como su última guarida. Con la suerte a su favor y el devenir del tiempo se convirtió en un respetable actor especializado en Shakespeare. Por su lado, Ferrer no pudo desprenderse de la nariz de *Cyrano* y con ese atuendo se presentó de nuevo en el teatro y en la televisión, convirtiéndose en el único actor en ser nominado para un Oscar, para un Tony y para un Emmy en diferentes momentos por el mismo personaje. Hasta el director francés Abel Gance se emocionó tanto con su interpretación que en

1964 lo llamó a participar en la subvalorada y mal recibida cinta, hoy día enaltecida, *Cyrano et d'Artagnan* junto a
Jean-Pierre Cassel, Sylva Koscina, Philippe Noiret y Michel
Simon. Hay muchas exaltaciones de Cyrano, por así decirlo,
en el cine. Baste citar a Gérard Depardieu, a Steve Martin (en
una parodia moderna), la versión porno que no podía faltar,
una inspiración hindú y hasta Toshiro Mifune de samurái en
Aru kengo no shogai/Samurai Saga (Hiroshi Inagaki, 1959).
Pero si alguien, como frecuentemente se hace en un juego de
asociaciones, pronuncia ese nombre, la respuesta inmediata
aunque no hayan visto la película, es José Ferrer.

10. *King Solomon's Mines* (Compton Bennett/Andrew
Marton) Stewart Granger, Deborah Kerr, Richard Carlson,
Siriaque (como Umbopa)

Si no hubiera existido el personaje Allan Quatermain de
esta segunda versión en el cine de *King Solomon›s Mines*,
George Lucas estaría todavía soñando con inventar a alguien
que se llamara Indiana Jones. Porque de ahí fue delineado el
carácter de Indi Jones así como el tropel de situaciones en
que se vio envuelto. Inspirada en una novela de aventuras del
victoriano Sir Henry Rider Haggard, *Las minas del rey Salomón* es el primer libro de ficción inglés que tiene como escenario a África, llamado en aquel entonces el Continente Perdido. En 1937, Robert Stevenson la llevó por primera vez al
cine, teniendo como intérprete principal a Paul Robenson (en
el rol de Umbopa), secundado por Cedric Hardwicke, Roland
Young y Anna Lee. En esta versión de 1950, el personaje
de Umbopa es reducido al mínimo y surge por lo alto Allan
Quatermain, el aventurero capaz de enfrentar cualquier peligro así viniera de alguna fiera o de un ser humano. Se pensó
en Errol Flynn por sus interpretaciones de Robin Hood, el capitán Blood, el general Custer, Jim Corbett, pero Flynn creyó
estar más cerca de la gloria interpretando un guión inspirado en una obra de Rudyard Kipling si aceptaba *Kim* (Victor

Saville, 1950), un rotundo fracaso, a pesar de que según la crítica él logra impregnarle destino (sinónimo de veracidad) a su personaje. Y si alguna fuerza tiene el destino sobre los seres humanos, Stewart Granger se vio tocado en lo más profundo por ese destino cuando la MGM le encomendó el papel de Allan Quatermain para su debut americano. Fue tanta la popularidad del film, la cantidad de sucesos uno detrás de otro que le servía de propaganda a la trama, que Granger y su compañera inglesa Deborah Kerr (su quinta película en Hollywood) colmaron de trabajo al departamento de publicidad de los estudios por la enorme correspondencia del mundo entero solicitando las fotos de ambos. Más cuando el público sabía que ambos vivían un fogoso romance detrás de las bambalinas y hasta se vanagloriaban haber hecho el amor encima de un árbol huyéndoles a unos hambrientos leones. Stewart Granger fue uno de esos actores que mientras estuvo bajo contrato con la MGM no necesitó actuar, su inventada presencia de caballero inglés, su acento característico de cínico y villano (aunque hiciera de bueno) vendían la entrada al cine con los ojos cerrados. La MGM trabajó con Granger un modelo de sexualidad no sugerida sino explícita al dejarlo a veces con el pecho o las piernas al aire, o ponerle pantalones de época ajustados al cuerpo donde las nalgas se le marcaran hasta la propia hendidura o rellenos de algodón por delante como años atrás trabajaron con John Barrymore invocando una silenciosa licencia. Granger fue *Scaramouche*, *El prisionero de Zenda*, *Beau Brummell*, el buscador de esmeraldas en Colombia junto a Grace Kelly en *Fuego verde*, hasta el bucanero Jeremy Fox en *Moonfleet* (1955) dirigido por Fritz Lang. Granger estuvo excelente como actor en *The Last Hunt* (Richard Brooks, 1956) junto a Robert Taylor. En 1967, con la sien plateada a lo Kim Novak, todavía arrancaba expectativas de acoplamiento como el agente de Scotland Yard en *The Trygon Factor* (Cyril Frankel, 1967), película sumergida en el olvido por los críticos y aceptada por el público por su desbordada y perversa acción, igual que lo aceptaron y lo siguieron a partir de *Las minas del rey Salomón*. Este *King Solomon's Mines* (1950), padre de Indiana Jones, originó secuelas, lo que le refuerza sus méritos. *Watusi (*Kurt Neumann, 1959) se filmó con los retazos que quedaron de su filmación, ¿para qué desaprovecharlos? J. Lee Thompson intenta en 1985 volver a la búsqueda de las minas del rey Salomón con Richard Chamberlain, que ya sin el magnetismo de *Shogun* (1980) y de *The Thorn Birds* (1983) casi perece en manos de una tribu africana porque no logró el encanto de Granger, sin un pelo en el pecho, ni el ritmo acompasado de la producción de 1950, donde la poesía no era deliberada, sino que el equipo completo, desde los cocodrilos, los elefantes, los leopardos, las serpientes, emanaban con naturalidad, igual que la participación de las masivas tribus del África Ecuatorial, incluyendo a los Masai, un documento antropológico digno de conservar porque todos, a gusto en su medio, disfrutaban lo que estaban haciendo.

La película de mayor aceptación juvenil del año:

1. *Our Very Own* (David Miller/director y Samuel Goldwyn/productor) Ann Blyth, Farley Granger, Joan Evans, Jane Wyatt, Ann Dvorak, Natalie Wood

Se vio más de una vez y todo por la escena de la playa entre Ann Blyth y Farley Granger, demasiado sensual para su momento. Ella se empina hacia el cuerpazo de Granger y él la sostiene sólidamente por los hombros e inclina la cabeza buscando los labios. El inflado short que lleva puesto y la brisa que los rodea es parte de la caótica tentación que se desató entre los adolescentes de ambos sexos. Y todavía se conserva como una de las más bellas escenas de amor con el mar de fondo. Pero *Our Very Own*/*Vida de mi vida* es más que eso. Es un interesante retrato de los inicios del esplendor de la clase media americana. La película comienza con una larga secuencia que tiene que ver con la instalación de un televisor, sinónimo del progreso. La guerra fría, la guerra de Corea, el anticomunismo y McCarthy, los problemas raciales, todavía no han emergido. La familia americana tiene sus propios problemas y aquí, Ann Blyth incidentalmente, por mañas de su perversa media hermana Joan Evans, descubre que fue adoptada. Farley Granger y Jane Wyatt se sintieron un poco incómodos durante la filmación y pusieron en apuros a su productor, Samuel Goldwyn. El primero se consideraba un adonis en demanda para estar en esas chiquilladas, él quería cosas más retorcidas de acuerdo a su indefinido temperamento. La Jane Wyatt tenía complejos de diva porque había trabajado con Ronald Colman (*Lost Horizon*, 1937), con Cary Grant (*None But the Lonely Heart*, 1944), con Gregory Peck (*Gentleman's Agreement*, 1947) y visitaba la casa de Eleanor Roosevelt de la cual era prima distante. Lo cual dio pie para que fuera Ann Dvorak, sin tantos aspavientos, la que se robara el show en una actuación memorable porque ella, la que sí estaba cansada de Hollywood, no estaba en nada. Como la madre biológica de Ann Blyth, en un encuentro de dolor sacado del alma, corre a recibirla fuera de la casa, se desespera, no sabe como introducirla a un ambiente de juego de cartas, cervezas, griterías a lo Stanley Kowalski, titubea, es la hija de una amiga dice, prefiere que se vaya, para siempre, para siempre que ya la he llorado mucho. Al año siguiente, esta excelente actriz filmó *I Was an American Spy* (Lesley Selander) y *The Secret of Convict Lak*e (Michael Gordon), se casó otra vez y le dijo adiós al medio, esto no es para mí. Pero *Our Very Own* queda como una película para volver a ver, simple y honesta. La crítica que la menospreciaba reconoció el interés sobre el tema de la adopción, aunque no profundizara en las causas económicas y sociales que llevaron a Ann Dvorak a tomar la drástica decisión. Esa falta de explicación es precisamente el sabor amargo de la película, que por supuesto tiene un final feliz, pero de un solo lado, el del bando de la hija.

Las películas más sobresalientes de
1951

1. *A Place in the Sun* (George Stevens) Elizabeth Taylor, Montgomery Clift, Shelley Winters

Lo único que no se ha dicho de estas ambiciones que matan es que la fotografía se debe a William C. Mellor, la cual le valió un Oscar de los seis que ganó. Jamás la pantalla tuvo un duelo de rostros más bellos que los de Elizabeth Taylor y Montgomery Clift, palo a palo en la contienda a base de muchos *close-ups* por la derecha y por la izquierda. Tanto Liz como Monty desdoblaban los rostros en cualquier dirección frente a las cámaras y el género sexual del espectador se vio en peligro al no saber definir su simpatía o su atracción por cuál de los dos. Mellor volvió a conquistar el Oscar de fotografía por *The Diary of Anne Frank* (1959) otra vez bajo la dirección de Stevens. Y fotografió dos oestes que han sido desempolvados gracias al paisaje vital: *Westward the Women* (William Wellman, 1951) en crujiente blanco y negro y *The Naked Spur* (Anthony Mann, 1953) demasiado lujurioso con el color de los escenarios naturales al norte de Durango en Colorado que se mezclan e interrelacionan con los personajes en una orgía perenne por la supervivencia. *A Place in the Sun* dejó a un lado la sensiblería y respetó hasta donde pudo la novela de Theodore Dreiser. La escena en que Shelley Winters pierde la virginidad, a través de la ventana llega un quejido de resistencia, ha quedado como un símbolo de que el amor siempre va acompañado de un poco de dolor.

2. *Show Boat* (George Sidney) Kathryn Grayson, Howard Keel, Ava Gardner

En esta versión en colores no están ni Helen Morgan, ni Paul Robeson con su *Old Man River*, ni los pucheritos de Hattie McDaniel; pero Ava Gardner es adorable como la Julie que lleva sangre negra en sus venas y Howard Keel y Kathryn Grayson hacen una química perfecta que derrama lágrimas hacia el final de la cinta cuando se reencuentran. Además, por disfrutar los inicios de Gower Champion, acompañado de Marge, vale la pena. Años más tarde, Gower fue uno de los reyes de Broadway. Entre sus muchos éxitos como director y coreógrafo se encuentran *Bye Bye Birdie* (1960, lanzamiento de Chita Rivera y Dick Van Dyke); *Hello, Dolly!* (1964, inmortalización de Carol Channing) y *42nd Street* (1980, murió el mismo día del estreno, sin escuchar los aplausos que recibió esa noche, ni de las 3,486 representaciones que más tarde obtuvo la obra). Marge Champion, casada con Gower hasta 1973, se le ocurrió aceptar un rol dramático junto a Burt Lancaster en *The Swimmer* (Jack Perry, 1968) y salió airosa en esa agreste película considerada por algunos como pionera del existencialismo norteamericano. Y si regresamos a *Show Boat* y nos piden más argumentos a su favor, aquí también están Joe E. Brown, Agnes Moorehead, William Warfield cantando *Ol' Man River* y Robert Sterling, el blanco que anda loco de pasión por Julie. No le hagan mucho caso a los críticos que pusieron por delante la palabra "vacía" a esta versión del musical de Jerome Kern y Oscar Hammerstein II. *Show Boat* recibió dos nominaciones al Oscar: por fotografía en colores y partitura en película musical. Perdió ambas limpiamente frente a *An American in Paris*. En esta película, si aún lo dudan, no solo hay esmero sino también mucha creatividad y sentimiento.

3. *That's My Boy* (Hal Walker) Dean Martin, Jerry Lewis

Aunque la pareja Martin & Lewis debutó en el cine en *My Friend Irma* (George Marshall, 1949), no es sino *That's My Boy* la película que le abre las puertas como estrellas cabezas de reparto en los créditos. Aquí fue donde Jerry Lewis impuso, los años develan ciertos secretos y en el Siglo XXI resulta fácil darse cuenta, su personaje de mariquita. Y siempre, no importa el color que le dieran a la escena, el hombre de sus sueños era Dean Martin, un corpulento italiano con algo de retraso que no estaba en ná, lo cual podía resultarle embarazoso porque no sabía evadir el fogueo al que Lewis lo sometía. En *That's My Boy,* aunque con tapujos remilgados, todo está expuesto a la buena de Dios. La trama hace de situaciones cotidianas una alta comedia de enredos. Por un lado, los padres deportistas que tienen un hijo flojo, entiéndase bastante enfaldado. Por el otro, el que nadie hubiera pensado en la escuela que pudiera encontrar mujer alguna que le diera el sí es el que aporta el cromosoma para un macho de veras. Aunque es una comedia exenta de enredos sexuales morbosos y doble sentido, recordar que se filmó para que los niños rieran a carcajadas tomando a Jerry como estúpido. Si se le quita la bisutería, que para gusto se han hecho los colores, muchos de esos niños a lo mejor decidieron seguir haciéndose los bobos como Lewis. Gracias que los aproximados 90 minutos que duró la película no le dieron tiempo a Jerry de enredar a Dean en un toqueteo altamente ofensivo. Juntos realizaron 17 películas y se separaron enemistados. Maravilla de San Genaro, el patrón por excelencia de los italianos. Dean Martin, pidiéndole al santo, triunfó como cantante con éxitos para siempre, *That's Amore, Volare, Sway* (versión al inglés del cha cha chá *Quién será* del mexicano Pablo Beltrán Ruiz). *The Young Lions* (Edward Dmytryk, 1958) y *Rio Bravo* (Howard Hawks, 1959) consolidaron a Dean como actor dramático. Por su parte, Jerry luchó solo, y a punto del derrumbe, rechazado por sus compatriotas, los franceses saltaron, qué puñeta es lo que está pasando aquí, ustedes no tienen cultura cinematográfica. Ese hombre es un cómico excepcional, regálennoslo, vuelvan a ver *The Nutty Professor* (Jerry Lewis, 1963) porque emulando a George Raft, Jerry Lewis él solo se basta. Como final feliz, en su vejez, casi días antes de morir Dean, la pareja se reconcilió igual que Bette Davis y Miriam Hopkins en *Old Acquaintance* (Vincent Sherman, 1943). Jerry le llevó a Dean un cake el día de su cumpleaños en el show de Las

Vegas, le encendió las velitas y le cantó: *"Because you are a good fellow, Happy Birthday to You"*. Igual que años atrás le hiciera Marilyn Monroe a John F. Kennedy, por entonces presidente de los Estados Unidos.

4. *Detective Story* (William Wyler) Kirk Douglas, Eleanor Parker

El desfile de actores secundarios que acompaña a la pareja Douglas-Parker es de grandes ligas. William Bendix emulando su papel en *The Blue Dahlia* (George Marshall, 1946), George Macready más frío e intenso que en *Gilda* (Charles Vidor, 1946) y *My Name is Julia Ross* (Joseph H. Lewis, 1945), Cathy O'Donnell efectiva y justificada cuando en un momento de tensión se lleva las dos manos a la cabeza sin soltar la carterita (otros se encargaron de fusilarla por lacrimógena y tan bien que estuvo en *The Miniver Story* de H.C. Potter el año anterior), Gladys George igual que en *Undercover Girl* (Joseph Pevney, 1950) con un pequeño papel de pocos minutos hacía un gran cameo, cara de delincuente le sobraba y sobre todo el debut y despedida temporal de Lee Grant, con una nominación al Oscar secundario. Lee sufrió la veda del macartismo al negarse a declarar contra su esposo, el dramaturgo Arnold Manoff. En 1975, al fin, la Grant se llevó la estatuilla dorada por su, de nuevo, actuación secundaria en *Shampoo* (Hal Ashby). Una curiosidad: el actor Horace McMahon que se crece inadvertidamente como policía en esta película, continuó usando el uniforme, lleno de triunfos, en la serie televisiva *The Naked City* escrita para sobrevivir por Arnold Manoff con el seudónimo de Joel Carpenter. La ciudad de Nueva York siempre le tiró una mano a cualquiera en apuros, entiéndase artista, sin importarle la filiación política de aquellos culpables bajo sospecha. Pero en esta antesala del infierno la ciudad abandona a Kirk Douglas y muere fotográficamente crucificado de un balazo fortuito.

5. *A Streetcar Named Desire* (Elia Kazan) Marlon Brando, Vivien Leigh, Kim Hunter, Karl Malden

Por arte de magia, limpia y sin supercherías, esta película, incluidos sus cuatro actores, se crece con el tiempo. La propia obra de teatro arrasa con cada nueva reposición. Mas nadie se atreve a incluirla en la lista de las 15 grandes jamás filmadas, quizás por llevarle la contraria política a Elia Kazan que se hizo el mea culpa cuando el macartismo, o porque Tennessee Williams es extremadamente amanerado y decadente, o porque nadie bajo ningún concepto quiso poner en tela de juicio su columna de crítica de cine con la ligera sospecha de quedar en entredicho su género si defendían con rabia la trama. En fin, dijeron, ¿quién es ese señor Williams que nos llena la cabeza con esa sarta de banalidades donde se lucen tantos personajes retorcidos? ¿Acaso debemos confiar en la amabilidad de los extraños? Esta película no es que deba estar, esta película está desde el mismo momento que el primitivo Stanley Kowalski, el mismísimo Marlon Brando, se pone las dos manos en la cabeza y grita como un semental descontrolado: Stellaaa... Stellaaa....

Nota: Los que duden del talento y de la capacidad de Elia Kazan que le presten atención al clímax de la obra, la causa sucia del suicidio del marido de Blanche DuBois. Nunca se dice, hay que imaginárselo. Un tren ensordecedor pasa en ese momento y no se escucha nada, la pequeña luz de un candelabro, atinamos a oír.

6. *Captain Horatio Hornblower* (Raoul Walsh) Gregory Peck, Virginia Mayo

Un papel ideal para Gregory Peck que cuidó mucho su imagen de justo, ecuánime y equilibrado. Lejos del psiquiátrico en que lo convirtió Alfred Hitchcock en *Spell-*

bound (1945), pero muy cerca de su posterior estereotipado Atticus Finch en *To Kill a Mockingbird* (Robert Mulligan, 1962) por el cual es recordado y le dieron el Oscar. El mar, el océano y las batallas con cañones, enciendan la mecha del entretenimiento, disparen al timón del barco enemigo, velas y mástiles que se derrumban, abordaje, que no quede títere con cabeza, jamás estas películas han dejado de cautivar a los niños y a los que no llegaron a crecer, que hay muchos. Recordar como Errol Flynn nos colmó de gusto en *Captain Blood* (Michael Curtiz, 1935) y *The Sea Hawk* (Michael Curtiz, 1938). Y si no fue Flynn el elegido para el papel siendo un filme bajo el sello de la Warner Brothers y él una de sus estrellas representativas, fue por disgusto de los estudios ante el rotundo fracaso de *Adventures of Don Juan* (Vincent Sherman, 1948), se nos está poniendo viejo el australiano. Hoy por hoy la escenografía y el vestuario de época de *Adventures of Don Juan* son revalorizados con orgasmos. Gregory Peck fue prestado por Selznick con explícito reconocimiento en los créditos, de lo contrario no hay préstamo, dijo David O. Y la Mayo se creció con el Technicolor, manejó las intrigas y los amores imposibles con la paciencia de una astuta mujer que se había leído cuidadosamente el final del libreto donde Gregory Peck acababa en sus brazos, acepto. Muchas cartas llovieron pidiendo que Peck y Mayo se casaran en la vida real, pero ella le fue fiel a Michael O'Shea hasta su muerte. *Captain Horatio Hornblower* es la satisfactoria condensación de tres de las muchas novelas sobre este personaje escritas por C.S. Forester: *The Happy Return, A Ship of the Line y Flying Colours.* La adaptación corrió por las manos del propio Forester, que no pudo chistar de que le fueran infiel a su obra. Y no solo hay capas y espadas con malos y buenos, hay su parte de reflexión y buenos diálogos. Baste el que le dice Horatio al primer teniente Bush: *La guerra engendra extraños aliados. Captain Horatio Hornblower* tuvo que esperar hasta el 2003 cuando Peter Weir realiza *Master and Commander: The Far Side of the World* para que se le recordara como la inspiradora, la incitadora de esta nueva película sobre otro inglés, el nombre es lo único que cambia, que también luchó contra Napoleón, sin el carisma de Horatio/Gregory Peck así se llamara Russell Crowe.

7. *The Great Caruso* (Richard Thorpe) Mario Lanza, Ann Blyth

Con esta película la ópera llegó a un nivel tan popular, al menos las arias más renombradas, que no hubo chico que no se impulsara en el baño, bajo la ducha, o agachado frente a un cubo de agua a cantar *La donna è mobile.* Y todo gracias a ese muchacho regordete de origen italiano que respondía al nombre de Mario Lanza. La película es una fantasía sobre Enrico Caruso, con algo de verdad y mucho de mentira, que al público le importó un comino. Lo importante fue el mensaje: Hay niños que nacen con vocación artística y el deber de los padres es apoyarlos. Gracias a *The Great Caruso* a muchos jóvenes de entonces se les despertó el interés por *La Traviata, Carmen, Madama Butterfly, La Tosca, La Bohème, Rigoletto* y supieron que había hombres con voces que se clasificaban como tenor, barítono, bajo; y mujeres sopranos, contraltos, mezzo-sopranos y hasta en el género chico las tiples cómicas. Gracias a Mario Lanza y a su enorme popularidad callejera, se hablaba de él en la bodega, camino de la escuela, hasta en el barrio de las llamadas mujeres de la vida. Pero cuando Mario Lanza trató de volver a reunirse con Ann Blyth en *The Student Prince* para repetir el éxito en CinemaScope, la MGM lo encontró muy gordo, lo desapareció de las cámaras y lo obligó además a prestarle la voz a Edmund Purdom, otro actor humillado por Hollywood en papeles insulsos. Purdom, que había sido formado como un completo shakesperiano bajo la tutela de Laurence Olivier y Vivien Leigh en su mejor época de teatro, representó por media Europa las obras más difíciles del príncipe de Avón. Edmund Purdom huyó a tiempo de Hollywood y murió casi de viejo en Italia. En fin, retomando la idea central, ver de nuevo *The Great Caruso* enriquece los recuerdos de la infancia, películas como ésa ya no se hacen. Sin menos éxito los italianos respondieron con *Enrico Caruso: leggenda di una voce/The Young Caruso* (Giacomo Gentilomo, 1951) y *Puccini* (Carmine Gallone, 1952); los ingleses por su parte con *Melba* (Lewis Milestone, 1953). Como diría aquella actriz cubana de los años 50, la enorme y ambigua Dulce Velasco, por lo dramático y lo cómico que sabía conjugar a la perfección: *The Great Caruso* fue un *success*, un verdadero *success*.

8. *Bright Victory* (Mark Robson) Arthur Kennedy, Peggy Dow

Olvidada. No aparece en DVD. No la busquen en los VHS. Algún pirata o corsario quizás ofrezca una copia furtiva, aceptable, no pidan más. Quien la vio de niño guarda un vago recuerdo y todo porque sus estrellas no eran deslumbrantes en aquel momento. *Bright Victory*, cazada de madrugada en algún canal de televisión de Cine del Ayer, es altamente simple, didáctica y sensitiva. El realismo americano con cierta dosis de esperanza para algunos, respuesta a la exagerada cotidianidad italiana que inundaba los mercados y bautizaron con el nombre de neorrealismo. El hombre que regresa de la Segunda Guerra Mundial completamente ciego, la acción comienza en 1943 en el norte de África, aquí no va a luchar por recuperar su vista, esa posibilidad está descartada, sino por readaptarse a una sociedad sin guerra de fusiles y metralla, pero con guerra de prejuicios para los incapacitados, los inválidos, los negros que él detesta y ahora le toca vivir entre ellos. Arthur Kennedy es capaz, natural, tenía todavía fresco el Tom Wingfield de *The Glass Menagerie* (Irving Rapper, 1950). James Cagney lo había calado de arriba a abajo, fue el primero en darse cuenta de sus dotes y lo hizo debutar en *City for Conquest* (Anatole Litvak, 1940). Aquí, su sargento Larry Nevins sabe que no es solo aceptar la incapacidad, tendrá que cambiar, ceder porque gran parte del resto que lo rodea no lo va a hacer, si en definitiva, nosotros vemos. Y recibió una nominación al Oscar, por encima de Kirk Douglas en *Detective Story* que fue eliminado de la contienda. *Bright Victory* participó oficialmente en el Festival de Cannes de 1951 junto a una lista de cosas muy por encima de ella en calidad artística y un chorro de porquerías inauditas suministradas sobre todo por España (la gobernada por Franco dicen ahora los españoles para lavarse las manos) y Argentina (en el apogeo del peronismo demagógico). *Bright Victory* fue filmada bajo los auspicios de Universal-International, lo que hace difícil su edición en DVD, como muchas de las producciones realizadas a su sombra. Nadie tiene respuesta. Es una lástima perderse las apariciones de Julie Adams, Rock Hudson y Richard Egan cada uno en pleno ascenso al estrellato. Peggy Dow, la protagonista principal, ni en la televisión encontró refugio. Dicen que sabiamente prefirió acabar su prometedora carrera ante la oferta de matrimonio de un magnate petrolero de Oklahoma. Muchos de los sueños de las estrellas a veces se hacen realidad fuera de la pantalla.

9. *Quo Vadis* (Mervyn LeRoy) Robert Taylor, Deborah Kerr, Leo Genn, Peter Ustinov

A comienzos de los 50 cualquier película que durara más de dos horas (120 min) estaba considerada una gran superproducción, una epopeya, algo que nadie debía perderse. La experiencia se remonta a *Gone With the Wind* (Victor Fleming, 1939/222 min), *The Great Ziegfeld* (Robert Z. Leonard, 1936/176 min), *The Good Earth* (Sidney Franklin, 1937/141 min) y *Green Dolphin Street* (Victor Saville, 1947/141 min). *Quo Vadis* no podía ser menos y se anunciaba con 171 min, un buen récord. A pesar de que el galán era Robert Taylor, por sus 40 años no fue la atracción máxima del film. El espectáculo del circo romano y el incendio de Roma se vendían como lo nunca visto. Hoy, de *Quo Vadis* queda tal vez el recuerdo de un actor delirante, fanático a las lentejuelas, Peter Ustinov como Nerón en su primera nominación al Oscar. Más o menos por esa época de los romanos volvió a aparecer en *Spartacus* (Stanley Kubrick, 1960) y se llevó la estatuilla vestido de nuevo con esa saya larga que usaban los hombres de entonces. Leo Genn, un actor inglés de sobrado talento recibió igualmente nominación por su Petronio, el autor alucinante de *Satiricón*, de cuya obra Fellini hizo una película alucinante. No se comprende por qué Leo Genn desapareció tan rápido de la pantalla después de haber tenido como aval su experiencia psiquiátrica de sacar a Olivia de Havilland del nido de víboras donde cayó en *The Snake Pit* (Anatole Litvak, 1948). La italiana Marina Berti, que pretendía conquistar a Hollywood como hizo Alida Valli, pasó inadvertida; mientras que sin crédito, una tal Sophia Loren asomaba el rostro. Lo de verdad recordable y lamentable en *Quo Vadis* durante su estreno es que los cines subieron el precio de la entrada 10 centavos más, y por su duración no fue acompañada de ninguna otra película de relleno como se acostumbraba entonces. Si no la veíamos en su momento nos la perderíamos por largo rato. Esa cantidad de rollos no la hacían comercial y el cine que tratara de reprogramarla era a sabiendas de reducirla a hora y media en sacrificio de un mayor público en busca de matar el tiempo y no seguir paso a paso la historia. Tandas populares a bajo precio que fueron desapareciendo con los años. Los que no la vieron, los que quieran verla, la copia en DVD es de extrema calidad, como para disfrutarla en el calor de la casa una noche bien fría de enero con un chocolate caliente en la mano. Y por un pequeño cumplido a Robert Taylor que está infiltrado en un sin número de buenas películas. Y por Deborah Kerr, que uno aún se la imagina semidesnuda bajo una seda azul, amarrada a un poste en la arena del Coliseo, amenazada por un toro asesino con ganas de embestirla. Con los dedos cruzados la muchachada rezaba: Dios mío, salva a Lygia, ella cree en ti, ella acaba de convertir a Marco Vinicio/Robert Taylor al cristianismo.

10. *An American in Paris* (Vincente Minnelli) Gene Kelly, Leslie Caron, Oscar Levant

Un americano en París es una película pájara, donde se juntaron las ganas de comer con el hambre porque todo el mundo sale del cine con deseos de levantar las manos, pararse en punta y dar salticos. Es un homenaje abierto a George Gershwin y a su música, excepto para la canción *The Man I Love* por connotadas implicaciones. Una vez le vi a un mudo corporizar la canción mientras le traducían con las manos la interpretación de una cantante negra perdida por París a comienzos de los 30. Su acompañante y él acabaron dándose un beso danzante dirigidos por la excéntrica Pina Bausch, directora de ballet y otros maleficios corporales. Volviendo al tema, para interpretar a Gershwin al piano, con el *Concerto in F for Piano and Orchestra*, nadie mejor que su amigo judío Oscar Levant, que como él mismo se definió, entre la genialidad y la locura hay una línea muy tenue que yo borré hace rato. Vincente Minnelli, a veces sí, a veces no, fue el director de esta extravaganza. Y Gene Kelly, de quien nadie nunca ha dicho nada malo, salvo que inició a Betsy Blair en el marxismo, fue el actor principal y el coreógrafo. El americano fue el detonante para reverdecer un género destinado al olvido: el musical. Y gracias a él, en los años 50 se filmaron cosas geniales que perduran en la historia del cine. Lo más importante de esta película, junto a Oscar Levant al piano, es la coreografía final que duró casi 18 minutos y su montaje costó alrededor de $500,000. Un dineral para aquel entonces. Con 120 bailarines trabajando con escenarios que recreaban a Utrillo, Toulouse-Lautrec, Dufy, Renoir, Rousseau y hasta al mismísimo Van Gogh. Y si la coreografía se crece con el tiempo es, sin que quepa duda, gracias a los dos fotógrafos que se llevaron el Oscar de ese año: John Alton (el inventor fotográfico del cine negro) y Alfred Glick, que arrastraba oficio del cine mudo y más tarde en 1956 John Ford lo llamaría como fotógrafo de segunda unidad para *The Searchers*. Por segunda unidad se entiende encargarse de trabajar con los escenarios naturales, primeros planos de objetos y secuencias con dobles, donde por peligrosidad o riesgo los actores de renombre no dan la cara y se quedan ese día descansando y luego en edición incluyen o montan los pedazos. Y el éxito de un oeste y el éxito de *The Searchers* y el éxito innegable de *An American in Paris* radica en buena parte en quién es el encargado de responsabilizarse con la segunda unidad en fotografía, que influye y determina en el momento final.

Las cenicientas, las castigadas de este año, las hechas trizas sin saber que eran aves fénix fueron:

1. *The African Queen* (John Huston) Humphrey Bogart, Katharine Hepburn

Con esta película Bogart, el halcón maltés, le robó el Oscar a Brando. De no haber sucedido, el tranvía hubiera sido la primera película en que sus dos actores principales y sus dos secundarios hubieran barrido con los premios de actuación de la Academia. *The African Queen*, viéndola en su distancia es una versión libre de la bella y la bestia, que teniendo en cuenta el físico de la Hepburn pudo titularse *La huesuda y la bestia*. Siendo aquí la palabra bestia sinónimo de animal inculto. Quien ve hoy día *The African Queen* no se explica por qué el equipo, la tripulación completa, tuvo que ir a África a filmarla. Bien hubiera quedado con la escenografía de estudio. Algo así a los Cypress Gardens de la Florida donde Johnny Weissmuller dio rienda suelta a las aventuras de Tarzán con leones, elefantes y ríos llenos de cocodrilos que se comían a los nativos por manadas. Una excentricidad de John Huston hacer ese viaje. Y otra excentricidad de la Hepburn cuando detuvo la comitiva en rumbo de una tribu a otra al ver un bosquecillo de bambúes. Se adentro durante media hora a meditar con la tenue música producida por el cimbrear de sus tallos y el rasgar de las hojas unas contra otras. Aunque la Betty, así llamaban a Lauren Bacall los íntimos, que acompañaba a su marido Bogey quiso participar, la Hepburn la detuvo. Querida, es un espectáculo unipersonal donde no tienes cabida, cuenta en tus memorias la cara que yo tenía al salir de esa experiencia.

2. *Death of a Salesman* (Laslo Benedek) Fredric March, Kevin McCarthy, Cameron Mitchell, Mildred Dunnock

El dramaturgo Arthur Miller montó el colérico cuando la Columbia Pictures convirtió a su Willy Loman en un lunático en vez de una víctima del capitalismo. Y tampoco quisieron darle el papel a Lee J. Cobb que lo estrenó en Broadway, por aquello de que estaba en la lista negra del senador McCarthy. Como Poncio Pilatos la Columbia se lavó las manos, pero sin desaprovechar la oportunidad de llevarse la primicia fílmica de una de las obras más importantes del teatro americano. El húngaro Laslo Benedek la dirigió con respeto como si fuera una puesta en escena. Fredric March fue Willy Loman, después que se negó a estrenarla en Broadway con expresa invitación de su vecino de Connecticut, el propio autor Arthur Miller. Nadie se explicó esa negativa teatral teniendo en cuenta que él y su esposa Florence Eldridge habían sido abiertos simpatizantes de la República durante la Guerra Civil Española. Para completar el reparto, Mildred Dunnock, Kevin McCarthy, y Cameron Mitchell venían fogueados con la experiencia de trabajarla en Broadway en determinadas etapas. *Death of a Salesman* recibió cinco nominaciones al

Oscar, se quedó de cenicienta el día de las premiaciones. Favorecerla implicaba señalarse políticamente de rojo y no, no, no, un puñado grande de personalidades ya estaba sufriendo los embates. ¿Qué pasó entonces? Vámonos por la tangente. Su director Laslo Benedek no entendió que el cine es cine y no actores de carne y hueso recitando parlamentos durante un par de horas frente a un público en un espacio reducido. El vuelo cinematográfico solo aparece durante el momento de los créditos y cuando Loman decide suicidarse. Hoy día es imposible verla hasta el final porque aunque a Arthur Miller no le gustara la dirección de Benedek ni los cortes de la Columbia, *Death of a Salesman* es una película opresiva que anunciaba ya el desmembramiento y desbarajuste de la familia media americana, trabajadora, con pocas opciones de hacerle realidad a sus hijos el sueño americano.

Obituario: El 11 de septiembre del 2010 falleció Kevin McCarthy a la edad de 96 años. De escasa aparición en el cine se mencionó su debut en *Death of a Salesman* y el único film por el que se le recuerda, *Invasion of Body Snatchers* (Don Siegel, 1956), en su desesperado final cuando le dice a la gente *"You're next"*, ahora gritando cuando ve pasar un camión cargado de enormes vainas, *"They're here"*.

Y si de recordar se trata, de otras películas que tuvieron su repercusión, 1951 fue también el año de:

1. *David and Bathsheba* (Henry King) Gregory Peck, Susan Hayward

Aunque con mucho color, demasiado lenta, tediosa. Inspirada en un tema bíblico, se volvió a leer la Biblia para saborear los devaneos del padre de Salomón con la mujer de su amigo. Y aguantar hasta el final para la recreación de cómo el niño Davicito le clava, impulsada con una honda, entre ceja y ceja, la piedra al gigante Goliath. Un tema obligado y una película obligada para los niños de entonces que estudiaban en escuelas religiosas. Y para los que fueran a la escuela pública fue lo mismo, porque blancos y negros todos eran amigos y jugaban y tiraban piedras juntos.

2. *The Big Carnival/Ace in the Hole* (Billy Wilder) Kirk Douglas, Jan Sterling

Todavía Hollywood no estaba convencido de que este chico, Douglas, era merecedor de un Oscar. Ni que Billy Wilder se encontraba en su etapa de producción más valiosa, ni que Jan Sterling, además de deliciosa, era una señora actriz desdeñada por Hollywood, remasterizada hoy día gracias al fenómeno de moda: el cine negro. Todavía es una incógnita cómo lograron nominar a Jan a un Oscar por su actuación secundaria en *The High and the Mighty (*William Wellman, 1954). Es que alguien se quejó, o alguien amenazó con develar algún secreto (de cama o de droga) de algún miembro influyente de la Academia, o alguien entendió que ya era la hora de reconocer a esta rubia neoyorquina de tan fuerte presencia en *Johnny Belinda* (Jean Negulesco, 1948), *Mystery Street* (John Sturges, 1950) y *Union Station* (Rudolph Maté, 1950) entre muchas. *The Big Carnival* no tuvo mayores consecuencias en su estreno, la dejaron pasar desapercibida, sin embargo recibió una nominación subrepticia en historia y libreto para Billy Wilder, Lesser Samuels y Walter Newman. La prensa no iba a celebrar que se le cuestionara tan impunemente. El descarnado apogeo mediático en ascenso.

3. *Strangers on a Train* (Alfred Hitchcock) Robert Walker, Farley Granger

Un hombre enamorado de otro hombre lo enreda en un pacto siniestro de yo mato por ti y ahora tú lo tienes que hacer por mí. La escena en que Bruno ahorca a la mujer del otro a través de unos espejuelos con música de caballitos de fondo es tan antológica como la de la escalera en *El acorazado Potemkin* (Sergei Eisenstein, 1925). Hacia el final, el descontrol de un tiovivo, los niños felices sin saber que están cerca de la muerte, es una de las crueldades mayúsculas del mago del suspenso, el señor Hitchcock, no hay otro.

4. *Fourteen Hours* (Henry Hathaway) Richard Basehart, Paul Douglas, Barbara Bel Geddes

La moral de la época arremete no sólo con el color de la piel sino con las orientaciones sexuales. Un homosexual encubierto trata de suicidarse por lo grande, que me vean todos morir lanzándome desde este edificio, antes que hagan mofa de mí, ¿dónde está el padre que mi madre me enseñó a odiar? Esa Agnes Moorehead se ha dado gusto toda su vida pasándome su frustración, no señor policía, yo no sé nada de pelota, a mí a veces me da por escribir poemas. El reparto completo se luce. Un abierto regalo de amor para Debra Paget y Jeffrey Hunter que cierran el film. Debut genial de una chica fría con socarronas miradas de fuego que respondió al nombre de Grace Kelly y llegó a princesa.

Las películas más sobresalientes de
1952

1. *The Snows of Kilimanjaro* (Henry King) Gregory Peck, Ava Gardner, Susan Hayward

Es bien difícil que a alguien que nunca le puso interés a Ernest Hemingway como hombre y como escritor le pudiera interesar esta película inspirada, no basada, en uno de sus más famosos cuentos. Témanle a aquellos que puedan encontrarla aburrida. Otro cuento del escritor llevado anteriormente al cine, *The Killers* (1946, debut de Burt Lancaster), engendró un hermoso *film noir* gracias al gusto por el expresionismo de Robert Siodmak que montó sobre la pequeña historia de un hombre que espera que vengan a matarlo, una vertiginosa odisea de hechos y secuencias que explican o dan luz de por qué lo quieren eliminar. *Las nieves del Kilimanjaro* es algo parecido, el hombre que en una tienda de campaña en lo intrincado de Kenya, en África, espera el desenlace fatal de una pierna con gangrena mientras reflexiona sobre su vida: oportunidades malogradas, amores rotos, pérdida, repitiendo el comentario dicho por algún hemingüeyano, del "perfume" direccional que cada ser humano tiene de su vida. Gregory Peck es Harry Street y es el propio Hemingway que está presente en casi toda su literatura con diferentes nombres; él fue Robert Jordan/Gary Cooper *en For Whom the Bell Tolls* (Sam Wood, 1943) y el cazador Robert Wilson/Gregory Peck en *The Macomber Affair* (Zoltan Korda, 1947). Ava Gardner, embrujadora; mil rayos me partan rezongan algunos, no puede ser posible que muera cuando le ven caer encima un camión durante la Guerra Civil Española. Y en medio de las reflexiones de Harry, Susan Hayward, la esposa actual, está dispuesta a echarle mano a la brujería africana con tal de salvarle la vida. En la historia original el protagonista no tiene salvación. Aquí, por los esfuerzos de la Hayward, hay una luz de esperanza. El Technicolor empleado por la 20th Century Fox dejó huellas no imborrables, sino infranqueables. Para los curiosos, Benny Carter, sin crédito, toca el saxo en las escenas de Paris, cuando esos jóvenes escritores se consideraban una generación perdida y la matrona Gertrude Stein les abría las puertas de su casa. Diálogo clave, casi autobiográfico, como si el Papa Hemingway conversara con la Stein antes de que se disgustaran, aquel en que el doctor incrimina a Harry después del aborto fortuito de la Gardner: ¿Me va a decir que usted no sabía nada acerca del niño? ¿Es que como pareja no hablaban entre sí? Filosofía del fracaso en la llamada Generación Perdida: Nunca hubo otro tiempo mejor que aquella primera vez en África. Después de esta película Papa/Ernest, que no quedó muy satisfecho con lo filmado, adoró a la Gardner, le daba albergue en su finca El Vigía en San Francisco de Paula, Cuba prestándole la piscina para que nadara en cueros. Entre tragos y más tragos le decía, nena, nenita, de los 117 minutos que dura la proyección tú y la hiena son las dos únicas cosas que sirven.

2. *High Noon* (Fred Zinnemann) Gary Cooper, Katy Jurado, Grace Kelly

Película llena de problemas en un período minado de conflictos para el sector artístico de Hollywood. Conocida como *A la hora señalada* en Latinoamérica y *Solo ante el peligro* en España es un oeste muy particular que aún despierta el interés por todos los incidentes que rodearon su filmación. Su director, Fred Zinnemann, que no tenía nada que ver con este género quiso probar fortuna con el mismo. Tan pronto terminó la última escena se largó a otros menesteres y dejó la edición, por suerte, en las manos de Elmo Williams. Es precisamente a Williams a quien se debe la magia y la brillantez del montaje, apoyado en la música de Dmitri Tiomkin. La película comienza a las diez de la mañana y con precisión cronológica durante hora y media llegamos hasta el clímax del mediodía mediante una tensión in crescendo manifestada con planos de los rostros, el péndulo del reloj y las vías del tren que han servido más de una vez como ejemplo didáctico de lo que se considera un montaje excepcional donde no se le da la oportunidad de pestañear al espectador. Con Gary Cooper a la cabeza y su segundo Oscar, lo acompañan Grace Kelly en su segunda aparición cinematográfica, Katy Jurado que iniciaba una carrera de éxitos en Hollywood y gente de mucho oficio, Thomas Mitchell, Lloyd Bridges (el padre de Jeff y Beau), Lon Chaney Jr., Otto Kruger, Henry Morgan, Jack Elam, Lee Van Cleef y otro poco de secundarios con mucho oficio. Con un guión de Carl Foreman, también productor junto a Stanley Kramer, es él, precisamente él, el ojo de la tormenta. Disidente del partido comunista había sido llamado a declarar ante el Comité de Actividades Antiestadounidenses. Por acogerse a la Quinta Enmienda de la Constitución, no soy ningún delator, lo pusieron en una lista negrísima. Y Foreman, destruido emocionalmente, reflejó su propia soledad social cuando por negarse a declarar lo señalaron y sus amigos le dieron la espalda, la peste, la peste. no te me acerques. De eso más o menos trata *High Noon*, inspirada a su vez en un cuento de John W. Cunningham que compartió los créditos con Foreman en este rubro. Como testigo no cooperativo ante el Comité, Foreman se las vio difícil, con pespuntes negros. Le tuvo que vender su parte de la producción al asustadizo Stanley Kramer, el lío en que te has metido, Carl, no tiene nombre, no quiero verme involucrado, haz las maletas y desaparécete. Y voló hasta Inglaterra. Junto a Michael Wilson, otro apestado al cual se deben unos cuantos guiones célebres, *It's a Wonderful Life* (Frank Capra, 1946), *A Place in the Sun* (George Stevens, 1951), *Salt of the Earth* (Herbert Biberman, 1953), escribió el guión de *The Bridge on the River Kwai* (David Lean, 1956) yendo a parar el Oscar obtenido a manos del autor de la novela, Pierre Boulle, porque ambos estaban eliminados de los créditos. En 1984, la Academia, abochornada, aconsejó que ambos nombres se añadieran a la lista de premiados. Para aumentar la incertidumbre de *High Noon*, casi al final de la producción Grace Kelly se negó a filmar con Katy Jurado, porque esa mexicana tiene una mirada muy penetrante y una boca capaz de morderme, porque además está enamorada de Gary Cooper que es mi marido y echando a un lado los prejuicios religiosos, me pongo de su lado, lo voy a defender a como dé lugar, le disparo por la espalda a uno de esos bandoleros que lo amenazan. Pero la fiesta de insanidad no acaba aquí porque los actores Lloyd Bridges y Howland Chamberlain así como el fotógrafo Floyd Crosby recibieron sus ramalazos al ser puestos en una lista gris, vigilancia intensiva para ellos. Y el intérprete de la canción *Do Not Forsake Me*, Tex Ritter, por litigios de las casas disqueras no pudo grabar el disco que fue a parar a manos de Frankie Laine. A través de los años muchos intérpretes han tratado de realizarse con esta canción, Andy Williams, el alemán Bruce Low y hasta la Beyoncé y Lady Gaga, pero la de Tex Ritter, como dicen los muchachos del Bronx en New York o de Luyanó en La Habana, es la que es, no se discute. Para ponerle la tapa al pomo, John Wayne y Howard Hawks se manifestaron en contra de *High Noon*, lo peor que se ha visto en un oeste, estamos inconsolables, un *marshal* no tiene que pedirle ayuda a nadie y lo vamos a demostrar filmando algún día *Rio Bravo*. Con otra mentalidad más versátil, los expresidentes Dwight Eisenhower y Bill Clinton la colmaron de elogios, cada uno en su momento la disfrutaron desde la óptica del poder y los conflictos que lo rodean. Y en el 2007, American Film Institute la colocó en el número 27 de las grandes películas americanas a preservar.

3. *Limelight* (Charles Chaplin, director/productor) Charles Chaplin, Claire Bloom

Candilejas no fue la última película de Chaplin, pero para muchos su canto del cisne. A pesar de que ocurre en Londres y todos los escenarios parecen auténticamente londinenses fue filmada en su totalidad en Hollywood. Originó artículos, elucubraciones, ¿qué quiso decir el genial Charlot? Nada, nada que no fuera un discurso a la vanidad, de saber que ya no eres lo que un día fuiste y estás resentido, así, con letra de bolero y música de cantina, de bar de mala muerte. Veinte años después de su estreno, por lo menos la acertada partitura musical de *Limelight* (extraordinaria) recibió un Oscar ya que en 1952 no había cumplido el requisito de haber sido exhibida en Los Angeles para poder ser considerada en las nominaciones. La realidad es que en aquel momento Charles Chaplin estaba en candela, acusado de comunista y prohibieron su inclusión en las nominaciones. *Candilejas* es una película discursiva donde la perorata convulsa y gratuita contra quien sea, que en *The Great Dictator* (1940) y en *Monsieur Verdoux* (1947) funcionaban, aquí es una reverenda pesadez. Sin embargo, además de la música, por lo que es recordada es por el dueto final de Chaplin con su eterno rival en la comedia, Buster Keaton. La segunda vez que se unieron y según esos detalles miserables tan característicos en la personalidad de Chaplin fue por ayudar a Keaton económicamente que atravesaba un mar de desgracias, divorciado y desplumado por la ex. Contra todo lo que se ha dicho de si en verdad era la primera o la segunda vez juntos, en 1922 Chaplin y Keaton ya habían aparecido en el cortometraje *Seeing Stars*. Como era de esperar, la escena de ambos juntos en *Limelight* sufrió cortes en detrimento de Keaton. Años más tarde Sidney Chaplin admitió que sí los hubo y a favor del personaje central Calvero (su padre) donde al final un advenedizo, se llamara Juan de los Palotes o Buster Keaton, no podía pretender empañarle el protagónico. Si tenemos buena memoria, y Chaplin la tenía, en *Monsieur Verdoux* la incontrolable Martha Raye le da tremendo batacazo, lo deja sin cabeza en todas las escenas que salen juntos. Eso no puede repetirse, hijo mío, alcánzame las tijeras, coño, ¿dónde están las tijeras? En *Limelight* como una curiosidad aparecen los hijos de Chaplin: Victoria, Michael, Josephine, Geraldine y Charles Chaplin Jr. además de Sidney y Oona. En el mismo 1952, con el supuesto pretexto de asistir a la premier de la película en Londres, Charles Chaplin y su familia se marcharon de los Estados Unidos, se llevaron todo el dinero que guardaban en el banco. Los cazadores de brujas aprovecharon el momento para obligar a Inmigración que le revocaran su permiso de entrada. Chaplin ya había decidido no volver y se estableció en Suiza. En 1972, a raíz del reestreno oficial de *Limelight,* regresó por breve estancia a recibir un Oscar honorario.

4. *Come Back, Little Sheba* (Daniel   Mann) Shirley Booth, Burt Lancaster, Terry Moore, Richard Jaeckel

Cuando Shirley Booth fue llamada a Hollywood para interpretar la Lola Delaney de la obra de William Inge (el mismo autor de *Bus Stop, Picnic, The Dark at the Top of the Stairs*) ya tenía en sus manos el Tony por su estruendosa representación en Broadway. Ella era y seguirá siendo en la memoria del público la Lola que en su enajenación mental clama en la puerta de su casa: *Come back, little Sheba.* Un título muy sugestivo y poético en inglés que pierde el encanto al ser traducido, en particular al español. No suena al oído repetir, Vuelve, Sabita o Regresa a mí, pequeña Saba o peor todavía, Vuelve a casa, pequeña reina de Saba para hacernos una mejor idea de lo que estamos diciendo. En Cuba, la obra fue estrenada en los años cincuenta con el título domesticado de *Vuelve, Motica* y fue una gran puesta en manos de Antonia Rey dirigida por su marido Andrés Castro. Con esta dificultad en el título se encontró la película cuando se iba a distribuir por América Latina. La solución, lejos de andar buscando a una perrita, fue llamarla *Con rastro del pasado.* Mucho mejor al oído y más lleno de sugerencias de acuerdo con la trama. Shirley Booth, desconocida para los cinéfilos, tenía ya sus 54 años en ese momento y una carrera teatral que arrastraba desde 1925. Dama y señora de las tablas, Burt Lancaster la acompañó y la mimó durante la filmación, pero hay que reconocer que al actor le cuesta adentrarse en la trama tanto física como histriónicamente durante la primera media hora, casi al borde de arruinar el film. Es ella, Shirley/Lola la que lo levanta. Porque ella sabe que el trabajo de equipo es necesario o de lo contrario corre el riesgo de hundirse en el vacío de un monólogo insulso, recordada sólo por alguna frase feliz. Toda actriz de teatro está en la obligación de disfrutar a Shirley Booth en *Come Back, Little Sheba*, una clase magistral. Shirley, después de cuatro películas más abandonó Hollywood, no es conmigo, si me hubieran ofrecido el papel de Beulah Bondi en el *remake* de *Make Way for Tomorrow* (Leo McCarey, 1937) no hubiera dudado en volver porque según Orson Welles es la película más triste que jamás se haya filmado. Y yo creo todo lo que Orson dice sobre el cine. Shirley Booth fue premiada en Venecia por esta actuación y la prensa extranjera le entregó un Golden Globe. La Academia no podía ser ni hacer menos y le entregó el Oscar. Shirley Booth murió a los 94 años y a los 74 ya se había retirado del arte. El arte nunca se retiró de ella. Para los que no oyen consejos, Laurence Olivier y Joanne Woodward se atrevieron en 1977 a montar la obra para la televisión, borrando, tergiversando su *Come Back, Little Sheba*. Creyeron que iban a encontrar mucha lana con los personajes de William Inge, pero salieron trasquilados.

5. *The Greatest Show on Earth* (Cecil B. DeMille) Charlton Heston, Betty Hutton, Cornel Wilde, Dorothy Lamour, Gloria Grahame, James Stewart, Henry Wilcoxon, Lawrence Tierney, Lyle Bettger

Filmada con la cooperación de los circos Ringling Bros y Barnum & Bailey, *The Greatest Show on Earth* no mereció recibir el Oscar a mejor película en 1952, pero había sido la de mayor recaudación. Y eso influye porque el dinero hala. Hoy está en la lista de las cinco peores en haberlo recibido ocupando el número tres. Las otras en orden ascendente son: *The French Connection* (William Friedkin, 1971), *Shakespeare in Love* (John Madden, 1998), *In the Heat of the Night* (Norman Jewison, 1967) y alabado el santísimo, *Oliver!*

(Carol Reed, 1967). *El espectáculo más grande del mundo* catapultó a la fama al casi desconocido Charlton Heston. Un fanático le envió una carta a DeMille que decía: Qué bien se comporta el gerente del circo entre tantos artistas profesionales. Y ese fue el mayor elogio, recuerda Heston, haber recibido en su vida. El espectáculo, como todo circo, es una película para la familia. Las escenas de trapecio con Cornel Wilde y Betty Hutton casi no necesitaron de dobles porque los dos actores se ejercitaron para darle vitalidad y veracidad, salvo una malla debajo que pidieron. James Stewart quería el papel del payaso y aceptó el cameo. Lo peor fue el descarrilamiento del tren, que no se pudo evitar. Por obligación, el circo necesitaba además de la gran variedad de números, de este suspenso. Y el otro suspenso todavía más ridículo que se originó alrededor de la cinta fue su prohibición para niños y adolescentes por parte de la Acción Católica Norteamericana. Argumentaron que casi todo el tiempo los hombres andaban con leotardos apretados marcando por delante y por detrás lo indebido. Y eso para la iglesia era flagrante y deliberada pornografía.

Nota: Contra *The Greatest Show on Earth* compitieron al Oscar como mejor película y perdieron: *Ivanhoe*, *The Quiet Man*, *High Noon* y *Moulin Rouge*. Hagan su propio juicio.

6. *Ivanhoe* (Richard Thorpe) Robert Taylor, Elizabeth Taylor, Joan Fontaine, George Sanders

Ivanhoe es la primera película de una trilogía entre su director Richard Thorpe y Robert Taylor filmada en Inglaterra. Las otras dos fueron *Knights of the Round Table* (1953) y *The Adventures of Quentin Durward* (1955). Después del buen sabor que por generaciones habían dejado en el público los diferentes Robin Hood de Douglas Fairbanks, Errol Flynn, Cornel Wilde, Jon Hall y John Derek entre otros, la novela de Sir Walter Scott sobre la reposición al trono inglés de Ricardo Corazón de León usurpado por su hermano Juan Sin Tierra, además de ser un tema de taquilla contaba a su haber con Elizabeth Taylor que comenzaba a hacerse imprescindible entre la muchachada como señorita en flor y a Robert Taylor, que a pesar de sus 41 años pretendía dar la hora gracias a sus ojos azules. *Ivanhoe* fue la película de la MGM que más recaudación obtuvo ese año. Pero a pesar de su gran éxito, *Ivanhoe* es otra película maldita en la historia del cine. Una de sus guionistas, Marguerite Roberts, un año antes había sido obligada a comparecer en el Comité de Actividades Antiestadounidenses por ser miembro del partido comunista. La Roberts y su esposo, el escritor John Sanford, rehusaron dar información de otros miembros del partido y fueron puestos en la lista negra con siete cruces. Una labor colmada de acierto como guionista, *Dragon Seed* (Jack Conway, 1944), *Undercurrent* (Vincente Minnelli, 1946), *The Sea of Grass* (Elia Kazan, 1947), *The Bribe* (Robert Z. Leonard, 1949), *Ambush* (Sam Wood, 1949) rodó por el suelo en pocas horas. Ante tamaña complicación y con la película lista para su estreno, la MGM recibió autorización del gremio de escritores para remover el nombre de Marguerite Roberts de los créditos. La Roberts y su esposo se expatriaron en Inglaterra pero no encontraron trabajo. De regreso a Estados Unidos, permanecieron diez años en un llamado "exilio interno". En 1961, la Columbia Pictures decidió abrir puertas y le ofreció un contrato. En 1969 como guionista de *True Grit* (Henry Hathaway) llevó a John Wayne al Oscar. Hoy se cuenta la anécdota por dondequiera, pero la Roberts sigue ausente de *Ivanhoe*. Una película que la pátina del tiempo devuelve más adulta y más interesante que en sus días de estreno. Como señaló acertadamente el sociólogo Frank Ortega Chambless: "*Ivanhoe* es una visión muy juiciosa del grotesco universo de la Edad Media. Más allá del glamour de los personajes heroicos está el increíble primitivismo, los prejuicios étnicos, la miseria de todo el sistema, de sus pocas leyes (o falta de leyes), la brutalidad, el absurdo de los duelos a muerte y el odio a muerte entre normandos y sajones que se desprecian e insultan unos a otros, aún cuando están sentados a la misma mesa, aunque la que hable sea una afable y virtuosa dama clásica muy bien interpretada por Joan Fontaine. No, la pintura que de aquella época recrea *Ivanhoe* no es un cuadro o ambiente que le hubiera gustado a uno como para haber vivido allí". Y si eso es así es gracias en parte a la mano de la convicta Marguerite Roberts.

7. *Viva Zapata!* (Elia Kazan) Marlon Brando, Jean Peters, Anthony Quinn

El gran problema de todos los países situados debajo del Rio Grande con Hollywood es que cada vez que a este sagrado emporio se le ocurrió tocar algunos de sus temas patrios fue acusado de deformante, desvirtuador de los hechos, inconsistente, carnavalesco en el sentido de que sus actores eran puras máscaras de los originales a quienes interpretaban y un sin fin de cosas más que alternaban con el campo de la política acusando a los Estados Unidos de imperialistas hasta en el arte. Cuando estos temas se centraron en el Caribe, la isla de Cuba en específico, las fuerzas cívicas extendieron su repudio no sólo a la Yuma sino a cualquier otro país que llegara a mancillar (entiéndase interpretar) a algunos de sus héroes. En 1953 casi linchan al director mexicano Emilio Fernández por filmar *La rosa blanca* y utilizar al actor mexicano Roberto Cañedo para el papel de José Martí. *Viva Zapata!* de Elia Kazan con guión de John Steinbeck también fue puesta en la mirilla. Como años atrás pusieron a *Viva Villa!* (Jack Conway/Howard Hawks y William Wellman sin créditos, 1937) y a Wallace Beery como Villa no en el cadalso, sí en el cuestionamiento. Si empleaban la picota para *Viva Villa!* sus propias cabezas corrían el peligro de rodar porque Fernando de Fuentes acababa de mandar a la mierda la historia de la revolución mexicana con su *Vámonos con Pancho Villa* (1936) considerada la número uno en la lista de las 100 mejores películas filmadas en México. Además, no podían ofenderse con la caracterización de Wallace Beery porque éste tenía mucha similitud física con el Villa de Domingo Soler. Con tales pormenores en la gaveta y tratando de darle seriedad al proyecto, Elia Kazan y Darryl F. Zanuck estudiaron cuidadosamente un sin fin de fotos tomadas durante el período revolucionario de 1909 a 1919. La colección de Agustín Casasola impresionó tanto a Kazan que trató de mantener el estilo visual del fotógrafo en su película. *Viva Zapata!* no es un drama que documenta históricamente la vida de Zapata. Por el contrario, es una poetización del personaje, demasiado cerca del corazón dijeron algunos para que esta película fuera comprendida por Hollywood que la desestimó. Lo importante fue hacer hincapié de cómo el poder, el militarismo y la política corrompen a los hombres. Y el Zapata de la cinta tiene el mérito de ser la excepción. Marlon Brando hizo un *tour de force* con el personaje, por algo es y será el actor número uno de Estados Unidos. No viene al caso en esta alegoría cargada de honestidad y buenas intenciones si en la vida real Zapata no era analfabeto, ya que sus padres poseían tierra y dinero y le habían dado cierta educación. Steinbeck, y así lo entendió Kazan, necesitaba de esa metáfora para embellecer la imagen del guerrillero. Perfecto Brando y perfecto Anthony Quinn en su papel secundario de Eufemio, el hermano. De aquí en adelante el señor Quinn elevó su categoría a principal. Música de Alex North y muchas nominaciones al Oscar. Anthony Quinn fue el único que salió premiado con su primer Oscar secundario. Al año siguiente en *Ride, Vaquero* (John Farrow), Anthony Quinn es dueño de la pantalla por lo alto, con la desfachatez de un bandido sin zapatos, enamorado de su medio hermano Robert Taylor, las patas sucias por delante y para exacerbar la morbosidad el meñique izquierdo jorobado hacia dentro siempre visible. Cabe señalar que ninguna de las veces que los mexicanos trataron de recrear a Emiliano Zapata en la pantalla le llegaron al tobillo a Marlon Brando, que cuando se enamoraba de un personaje lo vivía a lo Stanislavski, dormía con él al lado, siguiendo el método que lo formó.

8. *The Marrying Kind* (George Cukor) Judy Holliday, Aldo Ray

Tan dulce y a la vez tan amarga esta película no acaba bien. Un drama doméstico como solo la Holliday supo sazonar con esos papeles de ama de casa. Guión escrito por George Kanin y Ruth Gordon, la del Oscar secundario años más tarde por *Rosemary's Baby* (Roman Polanski, 1968). Un dúo en el arte y en la alcoba desde 1942 hasta la muerte de Ruth en 1985, a pesar de que ella le llevaba 16 años. Debut de un ronquito italiano sin pinta de italiano, Aldo Ray, a sus anchas. Para algunos, la trama es un *Rashomon* neoyorquino. Una pareja al borde del divorcio le cuenta a un juez en *flashbacks* los aciertos y desaciertos de su azarosa vida juntos, cada uno a su manera, tan realísticamente como trágica. Una batalla cotidiana de sexos. Filmada inteligentemente en locaciones de Nueva York, esta película se ha convertido en vehículo obligatorio para los amantes de la Gran Manzana, ¿cómo era a principio de los cincuenta esta maravilla de ciudad? Desde un principio George Cukor adoró a Judy Holliday, la dirigió en cuatro películas: *Adam's Rib* (1949), *Born Yesterday* (1950), *The Marrying Kind* (1952) y *It Should Happen to You* (1954). Sin embargo, con Aldo Ray se mostró al principio un poco repelente, encontró que el caminado de futbolista de Ray conspiraba con su talento y le aconsejó que fuera a una escuela de ballet. Quizás una inevitable zozobra se despertó en Cukor al cerciorarse de los motivos que tenía Ray para caminar con las patas abiertas. Lo que no se puede negar es que entre Judy Holliday y Aldo Ray, por la buena y tenaz dirección de Cukor, hubo química y disposición. Generosamente, Cukor no escatimó en sacarles el máximo de provecho. *The Marrying Kind* fue bien recibida, pero 1952 resultó un año difícil para casi todo el mundo en el sector artístico. Judy Holliday, como tantas otras personalidades, compareció ante el Comité de Actividades Antiamericanas. Aunque no la pusieron de manifiesto en la lista negra, la asediaron. Ella se hizo la Billie Dawn (el personaje que la llevó al Oscar en *Born Yesterday*) cada vez que le preguntaban algo, hable, colabore, una asociación, una participación, hasta tal vez una lectura marxista, digamos *The Grapes of Wrath*. Ante la confusión creada por Billie Dawn se le dejó entrever que quizás su período oscuro con la extraña Katharine Hepburn podría salir a relucir públicamente. Durante tres años fue borrada de la radio y la televisión. Judy Holliday murió a la temprana edad de 44 años. Aldo Ray no llegó a la cima, pero tuvo sus buenos momentos tratando de escalar la montaña, una nominación al Golden Globe por *Pat and Mike* (George Cukor, 1952). Quentin Tarantino, seducido como Cukor por las dotes físicas de Aldo Ray, le rindió homenaje en *Inglourious Basterds* (2009) en el personaje de Brad Pitt: Aldo Raine.

9. *The Quiet Man* (John Ford) John Wayne, Maureen O'Hara, Victor McLaglen, Barry Fitzgerald, Ward Bond

La versión irlandesa de *La fierecilla domada*. Filmada bajo el sello de la Republic Pictures fue la primera y la única película de estos estudios en recibir una nominación al Oscar. El hecho de haber sido una comedia le impidió llevarse el premio a la mejor película del año, muy por encima de *The Greatest Show on Earth* (Cecil B. DeMille). Filmada en Technicolor, le costó a John Ford convencer a Herbert J. Yates que ese era el color que él quería para los paisajes de Irlanda y no el barato Trucolor de uso oficial por los estudios. Su proposición fue aceptada a cambio de que John Wayne, Maureen O›Hara, Victor McLaglen y Ward Bond dejaran sus huellas en esos estudios con un oeste en blanco y negro dirigido por él. Así nació *Rio Grande* (John Ford, 1950) antes que *The Quiet Man/El hombre quieto* comenzara a desarrollarse. Como escenario irlandés se eligió la región de Innsfree y la villa de Cong y esta se convirtió en un próspero lugar gracias al turismo que originó la cinta. La trama de la fierecilla se desenvuelve en una sociedad ideal donde católicos (el padre Lonergan interpretado por Ward Bond) y protestantes (el reverendo Playfair de Arthur Shields) viven en armonía, se dan la mano en esta farsa llena de detalles y sabor irlandés hasta en la cuidadosa pronunciación de sus actores, muchos de los cuales, la mayoría del elenco, lo llevaba en la sangre. La pelea final a puño limpio entre Wayne y McLaglen, semicómica, desplazándose una distancia considerable por la campiña es además de apoteósica la más larga en la historia del cine. Por la dirección, John Ford recibió el Oscar. Y por fotografía en color, pura magia, los estudios de la Republic se vieron homenajeados con otro Oscar, compartido entre Winton C. Hoch (uno de los que contribuyó al desarrollo del Technicolor) y Archie Stout (el único fotógrafo de segunda unidad en recibir el premio). *El hombre quieto* es una histórica película de familia porque arientes y parientes se dieron allí cita. Baste saber que los actores Charles y James Fitzsimons eran hermanos de Maureen O'Hara. Arthur Shields, hermano de Barry Fitzgerald. Francis Ford, el hermano mayor de John. Y Ken Curtis casado con la hija de John. John Wayne, sencillo, adorable con ganas, demostró que no siempre de botas con espuelas y pistolas al cinto vive el hombre, sino a veces de farsa y un poco de risa. Y el público respondió con gritos de emoción en las salas donde se exhibía, olvidándose por 129 minutos que alguna vez de vaquero estuvo mejor.

10. *Where's Charley?* (David Butler) Ray Bolger, Allyn Ann McLerie, Jean Marsh sin crédito entre las bailarinas principales

Charley's Aunt escrita por Brandon Thomas es una obra de teatro en tres actos obligatoria para aquellos grupos en busca de llenar una sala. El travestismo al que se ve obligado el personaje principal es el gancho. Las versiones al cine han sido numerosas y en Estados Unidos se citan las silentes de 1915 y 1925, así como las habladas de 1931 y 1941. La versión musical de la obra con libreto de George Abbott y música y letra de Frank Loesser (el mismo de *Guys and Dolls, How to Succed in Business Without Really Trying, The Most Happy Fella*) con Ray Bolger (el espantapájaros de *The Wizard of Oz*) constituyó un éxito tan grande, sobre todo con las canciones, que la Warner Brothers decidió filmarla con el propio Ray Bolger y Allyn Ann McLerie, que lo había acompañado en escena. Pero nadie ha vuelto a ver esta película ni en video ni en DVD. La viuda de Frank Loesser, Jo Sullivan Loesser, después de una larga batalla consiguió los derechos del film. Conocida como "el demonio de los dos Loesser" nunca le gustó la versión fílmica porque la habían dejado fuera y en venganza decidió retirarla de circulación. Su hija, que probablemente sea la heredera, con el dinero que me han dejado la voluntad de mi madre se respeta, tampoco es simpatizante del film. Y el mito crece, y los que la vieron en los años cincuenta ya muchos están muertos, y los que quedan lloran por escuchar de nuevo la versión de *Once in Love with Amy* que hace Ray Bolger, de la misma manera que los ciegos lloraron la belleza desnuda de Lady Godiva al pasearse a caballo por Coventry.

Nota: La coreografía del film estuvo a cargo de Michael Kidd.

Relegadas:

1. *Moulin Rouge* (John Huston) José Ferrer, Zsa Zsa Gabor (Jane Avril), Suzanne Flon, Colette Marchand, Katherine Kath (La Goulue)

Moulin Rouge no es una biografía fidedigna del pintor Toulouse-Lautrec, sino una semblanza subliminal del París a comienzos del 1900. El Paris alegre de la Belle Époque que el pintor de paticas cortas inmortalizó con su invento del afiche para la propaganda del lugar bohemio, cuna del can-can que hasta los días de hoy prevalece en Pigalle por donde comienza a alzarse el barrio de Montmartre. John Huston, el hombre de *El tesoro de la Sierra Madre* (1948), le puso más interés al empleo del color que a la historia. Se propuso utilizarlo de la misma manera que Toulouse-Lautrec lo empleó en sus afiches de propaganda presentándolo en planos de color sólido, eliminando los toques de luz que pudieran crear efectos de tercera dimensión. Filmada en Inglaterra, los laboratorios del Technicolor fueron los primeros en horrorizarse con lo que había hecho Huston. Pero no importa, *Moulin Rouge* queda por esos intentos serios, por las artimañas de José Ferrer caminando con las rodillas, la presencia de Zsa Zsa Gabor como Jane Avril, deliciosamente soportable al estar casada en ese momento con el magnate hotelero Conrad Hilton, un cheque al portador en la propaganda y la sí conmovedora actuación de Colette Marchand como la prostituta Marie Charlet, que perdió el Oscar frente a Gloria Grahame. Por si fuera poco, el tema musical del *Moulin Rouge* hizo historia aunque lo relegaron de las nominaciones al Oscar. Con música de Georges Auric, tuvo letra en francés de Jacques Larue y en inglés de William Engvick. El número, conocido también con el título de *Where is Your Heart?* fue cantado para la película por Muriel Smith, a quien Zsa Zsa Gabor dobla. De los interpretes que la llevaron al número 1 de la popularidad se encuentran Percy Faith con Felicia Sanders de vocalista, Mantovani, Paul Mauriat, Joni James, Connie Francis, Lita Roza, Sam Cooks. Della Reese, el coro Les Djinns, el guitarrista Chet Atkins y en español Blanca Iris Villafañe, Los Delfines y sobre todo la versión del mexicano José María Napoleón. Lo que si fue inevitable, no importa la guerra declarada en contra, es que la noche de premiaciones *Moulin Rouge* se fuera a casa con la estatuilla por diseño de vestuario en una película a color, algo que la película mantuvo con un rigor impecable, reproduciendo detalle a detalle la obra del pintor, con sus negros, sus vahídos amarillos y sus amarillos quemados. Trama llena de fantasmas que refuerzan la historia con sus apariciones, el verdadero, el auténtico demonio, es el propio Toulouse-Lautrec dentro del lugar de diversiones que da título al film y dentro de cada uno de sus merodeadores tarambanas. Incomprendido en su momento, fue reconocido poco antes de morir como uno de los grandes de la pintura.

2. *The Bad and the Beautiful* (Vincente Minnelli) Kirk Douglas, Lana Turner

Cautivos del mal, nombre con el cual fue exhibida en Latinoamérica *The Bad and the Beautiful*, es un sarcástico retrato del mundo cinematográfico en la misma onda que *El ocaso de una vida*/Sunset *Boulevard* (Billy Wilder, 1950) y *La malvada*/All *About Eve* (Joseph L. Mankiewicz, 1950). Quien logra sobrevivir dentro de la maquinaria de la fama es porque de santo no tiene un pelo. Y quien logra una posición culminante es porque a su paso arrasó con todo lo que se le interpuso. Con un elenco muy hollywoodense (Kirk Douglas, Lana Turner, Walter Pidgeon, Dick Powell, Gloria Grahame, Barry Sullivan, Gilbert Roland), es decir, mañosos, dueños de infinitos recursos y la dirección clave de Minnelli, un hombre de más oficio que de errores. Minnelli saca adelante con éxito esta riesgosa disección sobre cualquiera que se considere personaje del cine, incluido él. Un Oscar inexplicable para Gloria Grahame que se lo merecía por otras cosas más no por esto, pero ... felicidades. Con esa boca y esos labios tan particulares que hasta el mismísimo Cabrera Infante se desbordó y eyaculó de elogios. La verdadera sorpresa, porque los amantes del cine reciben sorpresas donde menos se lo esperan, es la presencia de Elaine Stewart. Cuando uno la ve bajar las escaleras de la mansión de Douglas, con la ondulante cabellera caoba suelta y un vestido sin hombros sugiriendo y compasando el busto, uno exclama: Mira que Fellini era pillo. La Anita Ekberg de *La Dolce Vita* (1960) salió de ahí, de entre lo perverso y lo hermoso, porque los extremos se tocan.

3. *Singin' in the Rain* (Stanley Donen y Gene Kelly) Gene Kelly, Debbie Reynolds, Donald O'Connor, Jean Hagen

Los años 20 como trama, los bullicios del charlestón, la efervescencia espumosa del champán, mujeres con collares de perlas que colgaban hasta la conciencia y un Hollywood consternado, en crisis. El cine silente estaba a punto de desaparecer con el estreno de la primera película hablada, *The Jazz Singer* (Alan Crosland, 1927). En su momento, *Singin' in the Rain* fue tratada con indiferencia por los críticos que no supieron o dejaron a un lado los espejuelos para no ver que estaban frente a una comedia musical sui géneris. Hoy está considerada como uno de los musicales mejor hechos en la historia del cine y ocupa el quinto lugar entre las grandes películas americanas. Los enredos y desenredos de los actores del cine mudo están inspirados en personajes reales. La Lina Lamont de Jean Hagen es una semblanza de aquellos que no pudieron traspasar la barrera del mudo al hablado y fenecieron o se vieron obligados a retirarse y en honor a todos ellos la nominaron al Oscar. Unos dicen que Lina Lamont es John Gilbert en faldas y otros que Norma Talmadge. La secuencia de la lluvia, Gene Kelly bailando con una sombrilla, es un ícono. El cameo de Cyd Charisse, primero con un kilométrico echarpe y luego una pierna de estuco, maciza, que le saca por delante a Gene Kelly como un antropomórfico pene durante el ballet *Broadway Melody* y ante la cual el bailarín se rinde con desenfado acariciándola de arriba a abajo, es la otra. Salvo dos, las canciones de la película ya habían sido estrenadas en filmes anteriores. Por ejemplo, el electrizante *Good Morning* del trío Kelly-Reynolds-O'Connor había aparecido en *Babes in Arms* (Busby Berkeley, 1939) con Mickey Rooney y Judy Garland. Cuando terminó la escena de *Good Morning* a la Reynolds le sangraban los pies. Calló y resistió porque Kelly le había gritado que ella carecía de experiencia danzaria, que sin ser oriunda de la isla de Creta era una cretina. Gracias que Fred Astaire se la encontró llorando y para humillar a Kelly decidió entrenarla en los pasos, aunque por precaución nunca se decidió a bailar con ella en los estudios de la MGM. El número *You Are My Lucky Star* del que la Reynolds hacía un solo al final de la película fue eliminado. En la edición 40 Aniversario de *Singin' in the Rain* puede disfrutarse como un anexo. ¿Quién con una sombrilla o un paraguas abierto bajo un día de lluvia no se ha sentido Gene Kelly? Si no lo han intentado, inténtelo; déjense provocar, mójense.

Nota: Fred Astaire y Debbie Reynolds trabajaron juntos en *The Pleasure of His Company* (George Seaton, 1961). Astaire accedió a dar unos pocos pasos con Lilli Palmer porque en el film había sido una vez su esposa y girar brevemente con Debbie porque era su hija. Como pareja de la Reynolds colocaron a Tab Hunter. Y todo ocurre en San Francisco, antes de los hippies.

Las películas más sobresalientes de
1953

1. *From Here to Eternity* (Fred Zinnemann) Burt Lancaster, Deborah Kerr, Frank Sinatra, Montgomery Clift, Donna Reed, Ernest Borgnine

La cruda novela de James Jones (cruda porque hay adulterios, impotentes, Sodoma y Gomorra en demasía, sádicos, en medio de un Pearl Harbor babilónico y pervertido en vísperas de ser atacado por los japoneses) llega en grande a la pantalla con sus licencias, que no le hacen la menor mella. Nunca se vio tantos actores a gusto con el papel que les tocó interpretar. Dio que hablar mucho Frank Sinatra, en medio de una carrera en declive como comediante y cantante de la MGM, le rogó a la mafia, pasaje recreado por Mario Puzo en su novela *El padrino*, que le dieran un papel diferente, necesito la oportunidad de probarme como actor dramático, él quería ser Angelo Maggio, un inconsciente homosexual fanático lector del *Ulises* de James Joyce en la novela, al cual el personaje de Ernest Borgnine en la película pretende sodomizar. No los voy a hacer quedar mal, le dijo Johnny Fontana a Vito Corleone en la recreación novelística de lo que en verdad sucedió, yo pongo en garantía mis bolas. Y se llevó el Oscar secundario, porque Frankie fue pura fibra, un ave fénix. Las bolas se quedaron bien puestas en su sitio. También fue el renacer de Donna Reed con el Oscar secundario femenino como la prostituta. Montgomery Clift, en la cumbre de la actuación, enajenado, buscando en la Reed lo que una mujer no podía darle, fue nominado al Oscar principal igual que Burt Lancaster. Para evitar roces y malos entendidos, política conservadora de los miembros de la Academia, los dos fueron eliminados. Por si fuera poco, Burt Lancaster y Deborah Kerr le regalaron a la historia del cine la más provocativa, carnal, tierna, viciosa, ardiente, manipulativa escena de amor que se haya filmado jamás en el atardecer de una playa solitaria, las olas como únicos testigos lavando los flujos de sus cuerpos unidos y venidos a menos. Después que el sargento Milton Warden descarga su atraso en la adúltera Karen Holmes, ella exclama: *I never knew it could be like this*. Irrepetible. Las versiones de esta novela que vinieron después para la televisión, añejadas con la exacerbación de lo morboso, recibieron la pobre valoración de una sola estrella, una F o la palabra BOMBA. *From Here to Eternity* ganó ocho Oscar de los trece a los que estuvo nominada y es de las pocas películas que no siguiendo al pie de la letra la trama del libro en que se inspiró resultó superior a este.

2. *The Band Wagon* (Vincente Minnelli) Fred Astaire, Cyd Charisse, Oscar Levant, Nanette Fabray, Jack Buchanan

Considerada uno los cuatro grandes musicales del cine, los otros son *Singin' in the Rain* (Stanley Donen/Gene Kelly, 1952), *An American in Paris* (Vincente Minnelli, 1951) y *Eastern Parade* (Charles Walters, 1948), esta película que no tuvo mayor aceptación durante su estreno se crece con los años. Si *Singin' in the Rain* es el gran homenaje al mundo del cine y a Gene Kelly, *The Band Wagon* es su gemela con ambiente de teatro y un regalo para Fred Astaire. Las comparaciones entre ambas están prohibidas porque cada una reina en lo suyo. Los dos únicos elementos comunes a citar son los libretistas de ambas producciones, Betty Comden y Adolph Green y la presencia de Cyd Charisse, que no ha existido nadie que estirara con tanta simetría y perfección la pierna, dulcemente al caer sobre el piso con todo el peso de una mandarria de terciopelo. ¿Y es eso suficiente para que reciba tantos elogios? Numérame otros ejemplos específicos, vamos, arriba. Fred Astaire y Leroy Daniels, un limpiabotas en la vida real, en A *Shine on Your Shoes*. El inconcebible número *Triplets* que cuesta creer que fue bailado de rodillas por Astaire, Jack Buchanan y Nanette Fabray. El plus ultra de la seducción entre Astaire y Charisse en *Dancing in the Dark*. Y el antológico *Girl Hunt Ballet*, una coreografía policíaca en la tradición de

Mickey Spillane tan descabellada como aquella de Al Jolson en *Wonder Bar* (Lloyd Bacon, 1934) donde los negros llegaban a un cielo "de negros" en mula, lo cual motivó su censura cada vez que la pasaban por televisión. Por si fuera poco, *The Band Wagon* le regaló al mundo la popularización de la canción *That's Entertainment*, himno de los espectáculos. Su influencia y persistencia se afianzan cuando Michael Jackson para el video de *Smooth Criminal* escogió vestirse como Fred Astaire en el ballet policíaco y parte de la escenografía de *Billie Jean* se le asemeja. Pero no por esos ejemplos yo venero esta película. Casi al inicio hay un cameo descabellado y atípico para los fanáticos del cine, semejante a la aparición de la virgen de Lourdes a Bernardita, o la de Fátima a los tres niños pastores Lucía, Jacinta, y Francisco o la Guadalupana al indio Juan Diego. Es Ava Gardner que se baja de un tren con el Technicolor en la cara y nunca hubo un animal más bello.

Nota: Para evitar la controversia, muchos colocan a *Gigi* (Vincente Minnelli, 1958) en el quinto lugar de los grandes musicales.

3. *The Robe* (Henry Koster) Richard Burton, Jean Simmons, Victor Mature, Michael Rennie, Jay Robinson

The Jazz Singer (Alan Crosland, 1927) figura en la historia del cine por ser la primera película hablada. La locura cuando Al Jolson cantó *My Mammy* y *Toot, Toot, Tootsie!* Algo parecido sucede con *The Robe*. Por ser la primera película lanzada en el sistema de CinemaScope y sonido estereofónico le da el derecho de aparecer en la historia del cine. La 20th Century Fox, asustada de que no todos los locales tenían la pantalla apropiada para su proyección, realizó otra versión normal con algunas diferencias al fastuoso original. Richard Burton, un actor muy desigual, su concepto de actuación estaba viciado por los años en el teatro, fue empujado a una nominación al Oscar que no merecía. Y Jean Simmons, actriz de voz almibarada, tuvo muy pocos momentos estelares en su carrera, la Ofelia de *Hamlet* (Laurence Olivier, 1948) fue uno de ellos y este es uno de sus peores fallos. Los dos que se roban el espectáculo "bíblico" bautizado más tarde por los italianos como de "espadas y sandalias" o de *peplum* (*peplo* en plural para referirse al tipo de batilongo que usaban en aquella época los griegos, los romanos y los cristianos) son nada menos que Victor Mature como Demetrio el esclavo griego y Jay Robinson en su debut interpretando a Calígula. Hoy día *El manto sagrado* se ve con ojos de excesos de luz fría, derroche de seda, pisos pulidos de mármoles o granito, gangarrias de pulguero que parecen de oro y mucho Max Factor Hollywood o Revlon como creyones de labios. Por demanda popular ha sido la única película de tema religioso en tener una secuela, *Demetrius and the Gladiators/Demetrio el gladiador* (Delmer Daves, 1954) de nuevo con Victor Mature, el cuidador del manto convertido ahora en gladiador y Jay Robinson desaforado en las andadas del ratón y el gato, que jura perseguirlo hasta la cama, perdón, hasta la muerte o hasta que se lo coman los leones. Y Calígula era una de esas enardecidas fieras. En mi recuerdo infantil, un jueves de estreno en un pueblo de provincia, cuando los truenos y los rayos estremecen el calvario donde permanece Cristo crucificado, la señal de Dios enardecido por lo que le han hecho a su hijo, apogeo estruendoso no antes escuchado en una sala de cine y gracias al sonido estereofónico que el proyeccionista subió al máximo, hubo quienes corrieron a la puerta, otros se taparon los oídos y Gasparito mi primo, que no entendía aún de efectos especiales creyó que había llegado el profetizado Armagedón unido al Apocalipsis y en un acto de fe se desmayó por un rato, nos sacaron del cine. Para enterarnos del final tuvimos que repetir la película, pero no ese mismo día, ya que afuera había una cola interminable para la segunda tanda y no llegamos a alcanzar asientos. Fue tal la acogida, que de los cinco millones que costó *The Robe,* en Estados Unidos solamente recaudaron 38 millones.

Post data: Albert Maltz, su guionista, fue borrado de los créditos del film por estar en la lista anticomunista de "Los diez de Hollywood". Un ateo dando su versión del origen del cristianismo.

4. *Lili* (Charles Walters) Leslie Caron, Mel Ferrer, Jean-Pierre Aumont, Zsa Zsa Gabor

Nunca antes en la historia del cine una canción había impulsado tanto el éxito de una película como sucedió con *Hi-Lili, Hi-Lo* de Bronislaw Kaper y Helen Deutsch. Traducida a casi todos los idiomas, surgían cantantes de cualquier nacionalidad, chino, musulmán, que en su lengua natal la convertían en un sonido o murmullo exótico. Si le sumamos el buen pie con el que Leslie Caron entró a Hollywood acentuando al máximo su acento francés y la trama de una feria de circo de por medio, con magos (Jean-Pierre Aumont es la primera excitación primaveral que siente la adolescente Lili) y títeres, que para hacer el bien y de vez en cuando el mal en cualquier trama cinematográfica son un sello de garantía con un lleno completo de cualquier sala lo mismo en una ciudad cosmopolita que un pueblo de campo. *Lili* recibió varias nominaciones al Oscar, incluyendo la de Leslie Caron. La famosa canción que influyó en el triunfo de *Lili* no estuvo dentro de la lista, pero si le dieron el Oscar a mejor musicalización donde quisieran o no había que reproducir acordes de la misma. Con eso tienen, dijo un miembro de la Academia. *Lili* está basada en un oscuro cuento nada infantil de Paul Gallico titulado *El hombre que odió a la gente.* Debido a su gran aceptación,

Gallico lo extendió a noveleta con el título de *El amor de los siete muñecos*. Y el cine lo convirtió (perversamente) en una película para niños. Una película que la crítica Pauline Kael quiso desbaratar a como diera lugar llamándola enfermiza y al actor Mel Ferrer lo trató de narcisista, con sonrisa masoquista. Si lo que Pauline Kael decía era cierto, razón de peso para correr a verla, la curiosidad por las cosas extrañas generalmente es un factor de triunfo. Pero la Kael, al igual que otros críticos, no quiso develar que el "enfermizo" guión trataba de una adolescente que despierta hacia la pubertad con la imagen de un hombre mucho mayor que ella como el posible responsable (el mago) de hacerla mujer. Y que luego un cojo tímido, que sólo puede manifestarse a través de los títeres (confeccionados de maravilla por Paul E. Walton y Michael O'Rourke) es un homosexual latente y que termina por unirse a Lili en lo que será, si se deciden a seguir juntos, un matrimonio arreglado para defenderse de una sociedad represiva. Una gran parte de las implicaciones de desviación que emanan de *Lili* es culpa del entonces Código Hays sobre las películas. No queriendo llamar los problemas por su nombre, el código los abonó para que se fortalecieran. Mel Ferrer, hijo de un cirujano cubano y una dama de sociedad neoyorquina, aristocrático per se, una hermana recibió el premio Nobel en Medicina, decidió que su camino era el arte y a pesar de su físico nada emblemático entonces, hoy uno se percata con los cambios de los valores físicos que aquí con 36 años de edad está en el apogeo de la distinción, dándole la razón a Audrey Hepburn, la única que se dio cuenta. Pauline Kael no podía en su falta de tacto hacia el género masculino darse por enterada de las tergiversaciones del personaje, o se sorprendió de tal manera que se refugió en la palabra narcisista para salvar su responsabilidad de crítica y evitar el odio y los ataques masivos de los padres de familias que se habían enamorado de esta «encantadora película». Lo que si quedaba claro en el subconsciente del público es que la cojera de Ferrer era un símbolo de algo que el titiritero tenía bien guardado en el escaparate y que en su momento nadie le encontró explicación. Cómo es posible que en *Lili* puedan haber cosas raras, exclamó mi hermana, tantas veces que la vi. Como es posible que tanta gente se haya quedado soltera, le respondí. Como decía la canción: "*Cantando voy por la vida, hi-Lili, hi-lo, así mitigo mis penas, que ahogan mi sufrir...*"

5. *Stalag 17* (Billy Wilder, director y productor) William Holden, Don Taylor, Otto Preminger, Peter Graves, Robert Strauss, Harvey Lembeck

Entre comedia y drama Billy Wilder le consigue un Oscar a William Holden, el chico dorado. Una nominación secundaria a Robert Strauss repitiendo lo que había hecho en la pieza teatral de Broadway. Y Wilder le pide a su amigo, el director Otto Preminger, que se entretenga un rato actuando como el malévolo jefe nazi al frente del campo de prisioneros de guerra Stalag 17 donde ocurre la acción. Holden estuvo dubitativo de si aceptar o no el papel del cínico porque el año anterior ya Gloria Swanson en *Sunset Boulevard* (otro Billy Wilder) lo había tiroteado por algo similar y me van a encasillar en esos roles y yo soy un muchacho bueno, bien simpático, al menos me gusta dar esa imagen. La Paramount lo obligó, este es un oficio serio, o lo aceptas o te largas. Y lo que no sospechó siquiera es que lo estaban convirtiendo en el actor del año, que en su momento oportuno, la gran noche en que le entregaron la estatuilla, no tuvo tiempo de decir nada más que "Gracias". El poster de *Stalag 17/Infierno en la tierra* fue manejado de tal manera que la mano de Holden sujetando un cigarro sobresale y se impone. La mano de Holden fue el elemento más persuasivo que le hayan explotado a un actor para ganar taquilla. Y no ha habido en la historia del cine otra mano más manipulada. Luego, para la propaganda de *Picnic* (Joshua Logan, 1955) le ripean la camisa y deslizan la mirada del observador por todo el brazo hasta detenerse en la mano en escorzo, a lo Rubens. Vuelve a ocupar el primer plano del afiche en *Sa-*

tan Never Sleeps (Leo McCarey,1962). Y en *Paris When It Sizzles* (Richard Quine,1964) reviven la pose de *Picnic,* ahora sin camisa, pecho velludo y una mano otra vez en escorzo sosteniendo un trago, mientras que la otra termina retozando con los pelos del vientre. Llegó un momento en que William Holden se dio cuenta que siempre le dejaban algo sin cubrir, le cogió el gusto, pero los años le habían caído muy rápido, daba grima y nunca quiso recurrir a la estética. Entonces fue que comenzó a añorar *Stalag 17*, entretenimiento con mucho gusto e inteligente dirección de Billy Wilder. La década del 50, definitivamente, fue la década de Wilder, cerrando con broche de oro en 1960 con *The Apartment*. Después vinieron meras curiosidades para un público que lo tenía reconocido como un excelente director, en vías de una chochez sin retroceso. *Stalag 17* está incluida en el grupo de sus mejores aciertos.

Nota: Robert Strauss recibió una merecida nominación al Oscar secundario que fue a parar a manos de Frank Sinatra de todas todas.

6. *Julius Caesar* (Joseph L. Mankiewicz) Marlon Brando, James Mason, Louis Calhern, Deborah Kerr, Edmond O'Brien, John Gielgud, Greer Garson, George Macready

Julius Caesar/Julio César es una película descompensada, desarticulada y más que nada recitativa, por aquello de que a Shakespeare hay que seguirlo al pie de la letra con entonación y modulación. Es un festival de monólogos para que cada actor pueda tener su pedazo de gloria. Arranca con el de George Macready y le siguen los de John Gielgud y Edmond O'Brien. Por supuesto que los dos clásicos corresponden a James Mason/Bruto y Marlon Brando/Marco Antonio. Y si no somos muy exigentes, cada actor supo aprovechar al máximo el cuarto de hora que le correspondía en la puesta en escena. Entonces, ¿a quién echarle el muerto de grandiosidad? El Julio César de la Antigua Roma y el de la tragedia de Shakespeare no es sino la lucha por el poder y el medio que se sigue para justificarlo. Julio César, varón de varones al que le gritaban con la mano en alto «Ave, César» no escuchaba consejo, yo soy el amo hasta que me muera, sin ponerle atención a las premoniciones del adivinador (Richard Hale, un especialista en cameos) «Guardaos de los idus de marzo» y acabó como un colador agujereado por miembros del senado incluyendo a Bruto, ¿tú también, hijo mío? Que Marlon Brando fuera nominado para su tercer Oscar por su Marco Antonio fue una bufonada de la Academia. La primera aparición en faldita, sin nada arriba, mostrando en vez de pechos dos teticas pubescentes muy aceitadas, da risa. Y el intenso rímel de los ojos, con algún pegamento que le impidiera bajar los párpados nos hace pensar que si de verdad siguieron al pie de la letra las costumbres de la época, entonces Julio César cruzó el Rubicón tal y como lo relata Suetonio en *Los doce césares*. Si hay alguien que domina la película desde su primera aparición, ese es James Mason. Mason arranca por lo alto con una dicción suave y ladina sin farfullar como Brando y va llevando su personaje a lo que todos han bautizado como *Julio César, la tragedia de Bruto*. Las presencias de Greer Garson y Deborah Kerr son para darle calor y color femenino al nido cundido de hombres. Lo que importa son los hechos que condujeron al primer golpe de estado occidental y cómo acabó aquel titingó. En un aparte, como si fuera una historia sin nexo con esta, se sabe que Marco Antonio durmió con Cleopatra, que lo había hecho anteriormente con Julio César. Acorralado, con otro golpe a sus espaldas, Marco Antonio decide enterrarse una espada mientras Cleo, de 5 a 7, se dejaba morder literariamente el seno izquierdo por un áspid.

7. *Roman Holiday* (William Wyler) Audrey Hepburn, Gregory Peck, Eddie Albert

La princesa que quería vivir, uno de los títulos que llevó en español esta cinta, llegó en el momento justo, como anillo al dedo: la princesa Margarita de Inglaterra andaba en amores con el divorciado y héroe de guerra, ayudante de su padre Jorge VI, Peter Townsend. Y después de disfrutar el amor por flechazo de Cupido y no las leyes impuestas de la corte, el señor Townsend pudo haber sido el primer hombre en su vida, Margarita estaba dispuesta a renunciar a los títulos, hasta fue al Vaticano sin ser católica a pedirle orientaciones al Papa. Lo que hace hacer un amor bien administrado, comentaba el vulgo. Y *Roman Holiday* es algo parecido, con tintes románticos y un final agradablemente convencional. Las princesas pueden darse el lujo de ciertos deslices, las hermanitas de Mónaco, incluyendo al *brother*, son buenos ejemplos, pero al final su sangre azul y sus obligaciones con el árbol genealógico, los hace volver al redil. A William Wyler, el camarógrafo casi le impuso a la novata Audrey Hepburn. Nunca hubo una insistencia tan bien recibida. La Hepburn, de origen belga, que había hecho sus pininos en el cine inglés, se robó la pantalla americana para siempre. Al principio se manejó la idea de que el crédito principal fuera para Gregory Peck, el periodista que no sabe de la identidad de la princesa y se enamora de ella y le proporciona la dicha de conocer Roma como una ciudadana corriente; pero él, contaminado por la gracia de Audrey, pidió que el nombre de ella apareciera a su lado en una amistad cerrada con una llama perenne. Peck fue quien le presentó a Mel Ferrer, su futuro esposo. Las princesas de carne y hueso, salvo Diana (otra vez Inglaterra) ni por un instante han resultado tan encantadoras como la Audrey Hepburn pretendió que fueran en esta película. El más favorecido fue Gregory Peck, que amargado por un divorcio, pero contagiado con la gracia de Audrey, también encontró un nuevo amor en esas vacaciones en Italia en una periodista francesa que lo entrevistaba. Veronique Passani contrajo matrimonio con él en 1955 y estuvieron juntos hasta su muerte. *Roman Holiday* es una película que hay que ver y también una película que debería ir acompañada del cuño: Prohibido su *remake*.

8. *Mogambo* (John Ford) Clark Gable, Ava Gardner, Grace Kelly

En 1932, Victor Fleming filmó *Red Dust* con Clark Gable, Jean Harlow y Mary Astor. La acción ocurría en Indochina. Gable, un explotador del caucho, alojaba temporalmente a su amiga, la prostituta Harlow, antes que la deportaran a una isla donde no podría ganarse la vida con lo único que podía hacer, tomarse unos traguitos y después ni me acuerdo. A la casa de Gable llega un matrimonio interesado en los negocios del caucho y la esposa, que no podía ser otra que Mary Astor, enloquece con Gable, le da la encerrona para que le baje la fiebre. Y como Mary quiere más y Gable no está dispuesto a dárselo, saca una pistola, dispara. La buena de Harlow se echa el muerto, se arreglan los asuntos de infidelidad y sin ningún recuerdo del pasado, Clark y Jean comprenden que siempre se han amado y están dispuestos a seguir haciéndolo firmando papeles. En 1940, H.C. Potter filmó *Congo Maisie* con Ann Sothern, John Carroll y Rita Johnson que casi nadie sabe que existe. Y ahora *Mogambo,* un refrito donde al caucho lo cambiaron por gorilas y le dieron Technicolor. *Mogambo* es la película que le da una nominación al Oscar a Ava Gardner, haciendo lo mismo que Jean Harlow, esta vez un trago de verdad en la mano. Y Grace Kelly en el papel de Mary Astor no pasa de pequeña zorra donde la Mary era una descarada y descocada hiena en celo, sin embargo recibió inexplicablemente una nominación. De *Red Dust* a *Mogambo* hay una brecha de más de 20 años difícil de superar y ya Gable peinaba sus canas. Pareciera como si Ford caminaba por territorio desconocido y estábamos en lo cierto porque en África no había indios ni el impresionante desierto de Arizona, ni el Valle de la Muerte, tan frecuentes en su filmografía. *Red Dust* se filmó antes de que el Código Hays amordazara a Hollywood y *Mogambo*, con su triangulito sin importancia pasó el visto bueno, salvo en España, donde doblaban las películas. La transformación que le hicieron fue casi obscena porque al querer ocultar la infidelidad de Grace Kelly la ponen de hermana de su marido y hay un momento en que se besan, como le corresponde a toda pareja matrimonial, creando entonces el escándalo del incesto. A la borracha Gardner ni se sabe. Alguien dijo cuando supo de aquel mejunje español: Ese es el *Mogambo* al que hay que darle cuatro estrellas. Viva la España de Franco con sus católicos y sus republicanos, San Berenito todo mezclado, coco cacao, cacho cachaza, todo mezclado. Cuando hasta Ava Gardner decidió vivir allí un tiempo ya que sus jolgorios eran considerados alegorías; sus borracheras, cumpleaños y su afán por los hombres, si eran toreros mejor que mejor, obras de caridad, mujer piadosa. *Mogambo* tuvo que ser filmada en varias partes de África, porque donde ocurre, en el Congo, no había gorilas. La música es lo único digno, autóctono, merecedora de ponerle atención. Con esa recomendación se puede pagar el ticket de entrada con confianza. Pero, a su favor existe también la opinión de que *Mogambo* no es la trama de un triángulo amoroso ya que el marido de la Kelly, el olvidado actor Donald Sinden, también participa en el flete transformando la historia en un cuadrángulo, lo cual la convierte además de una película de aventuras en una película muy avanzada para su época con tantos vericuetos y *ménage* à *quatre* en un mundo de fieras.

9. *Kiss Me Kate* (George Sidney) Howard Keel, Kathryn Grayson, Ann Miller

En el año de *The Band Wagon,* ¿qué se puede decir de *Kiss Me Kate*? ¿En qué escalafón ponerla? Cerca, muy cerca de las grandes. Con música de Cole Porter y una historia de teatro dentro del teatro, esta versión libre de *La fierecilla domada* de Shakespeare recaudó más dinero que *The Band Wagon*. Fue el primer musical en filmarse en 3D y en una tercera dimensión supermejorada que llamaron polarizada, en Ansco Color vertido después al Technicolor. Por desgracia, casi nadie fuera del territorio de los Estados Unidos pudo verla en la majestuosidad del 3D sino como una peliculita normal, ligeramente en panorámica donde gran parte de los extremos se perdían por el esfuerzo de ampliar los 35 mm. *Kiss Me Kate*, tanto el musical de Broadway como la película, sufrió cortes en las letras de las canciones por su explícito contenido sexual. Líneas como «*my tongue in your tail*" fueron sacadas de la circulación. Y los números *Too Darn Hot* y *Brush Up Your Shakespeare* saneados en extremos. Es *Too Darn Hot* el número que consagra a Ann Miller bailando en un traje de flecos rojos iridiscentes y un abanico negro en la mano a través del departamento del personaje Cole Porter, lo que por unanimidad se considera lo máximo de su carrera de bailarina. Muchos se lamentaron que no la incluyeran en las nominaciones al Oscar cuando Grace Kelly por *Mogambo* (John Ford) y a Geraldine Page por *Hondo* (John Farrow) bien que pudieron dejarlas fuera. No, no, no, a las otras tres no las toquen: Thelma Ritter, Donna Reed, Marjorie Rambeau. La coreografía de *Kiss Me Kate* es de Hermes Pan y aparece plantado en sus quince el entonces principiante Bob Fosse. Bailando y bailando como equipo de apoyo se encuentran Tommy Rall, Bobby Van, Carol Haney y Jeanne Coyne. Los actores Keenan Wynn y James Whitmore se desdoblan como comediantes y recrean de mala gana un *Brush Up Your Shakespeare* higienizado. Asombroso es encontrarse personas pasadas de 75 años que se excitan al recordar la primera vez que vieron la película en 3D, sobre todo a Howard Keel ceñido en leotardo. Yo me quedé pensando en dos cosas: las indecencias que el cine le hace aflorar a la mente humana en la oscuridad y Howard Keel, un actor desaprovechado y arrinconado por la MGM, un mastodonte que le despertó ilusiones a su generación. Mi hermana fue más práctica: Mejor deberíamos hablar de la posibilidad de rescatar a *Kiss Me Kate* en su tercera dimensión. Que las próximas reposiciones de Broadway conserven intacto el lenguaje que le puso Cole Porter a las canciones. Me parece un poco ridículo aferrarse al ayer cuando cada día de nuestra vida es mejor que el anterior, pensé yo. A la semana siguiente le llegaron a mi hermana siete DVDs de Howard Keel comprados por Internet, incluyendo parte de la serie televisiva *Dallas* (1891-1991) donde su personaje Clayton Farlow le devolvió la fama que pensó nunca más recuperaría. Yo no hice ningún comentario y cerré el caso, no sin antes disfrutarlo en *Floods of Fear* (Charles Crichton, 1959), un alarde de que podía ser un actor serio con el agua hasta el cuello. ¿Por qué la MGM lo maltrató tanto?

10. *Shane* (George Stevens, productor y director) Alan Ladd, Van Heflin, Jean Arthur, Brandon de Wilde

No sueñen más con un oeste perfecto, *Shane* es uno de ellos. No importa que muchos críticos subvaloren a George Stevens como un director menor con algunas virtudes, o peor, un director mayor sin ninguna virtud. *Shane* está situado en el tercer lugar de los grandes oestes y el número 45 entre las 100 mejores películas americanas. Con esta estadística, lo mejor es no epatar tratando de buscarle defectos. Las irreverencias en contra de *Shane* justifican la inmadurez o la insensatez de sus opositores. *Shane* fue filmada casi totalmente en las planicies de Wyoming, con pocos interiores en Hollywood, muy cerca del virtuosismo fotográfico. No vale la pena discutir a quiénes tenían pensado darle los papeles. Alan Ladd es Shane y el matrimonio que lo alberga es Van Heflin y Jean Arthur (con 52 años cumplidos en su última incursión en el cine). Entre los malos y buenos que soportan el conflicto se encuentran Jack Palance, Ben Johnson, Emile Meyer, Edgar Buchanan, Elisha Cook Jr. y Ellen Corby. Brandon de Wilde es el niño que se perturba y perturba psicológicamente a Shane. Porque Shane arrastra un pasado que no se aclara, al cual en aquella época le decían «pistolero» y como ni tarde ni temprano lo va a enfrentar sabe que su camino es el de andar errante, aunque el pequeño Joey que en esos momentos se ha encontrado a sí mismo le grite: *Pa's got things to do! And Mother wants you. I know she does. Shane! Come back*! (Pero papá tiene cosas que hacer. Y mamá te necesita. Lo sé. Shane... Vuelve, Shane). Con un Oscar ganado para Loyal Griggs por fotografía, el desconocido *Shane* alargó la carrera de Alan Ladd por unos años más. Y a Jack Palance le abrió infinidad de puertas. Los que la tildan de lenta, con diálogos trillados cuando en realidad es una película minimalista, estructurada (intencionadamente o no) en base a una segunda lectura (la prohibida), no pueden evitar y se retuercen en sus lunetas de que forme parte de la mitología popular como Drácula, Frankenstein, King Kong, Supermán o el mismo Flash Gordon por citar a unos cuantos personajes. Si hay crimen contra esta película que no debe quedar impune se le debe al cometido por la España de los años 50 que para su distribución comercial la tituló *Los tontos también aman.*

Nota: Cameos sin créditos de Alana y David Ladd, los hijos de Alan.

Y, por qué no decir algo de:

1. *Pickup on South Street* (Samuel Fuller) Richard Widmark, Jean Peters, Thelma Ritter

El rata, título con el que se paseó esta película por América Latina, es un engendro de Samuel Fuller. Pero mucho cuidado, un engendro maravilloso. Catalogado como *film noir* o policíaco o de espías o anticomunista, *El rata* es puro

Fuller, Y Fuller tiene su propia forma de decir las cosas que no se le puede encasillar en ninguna escuela ni junto a otro director. Samuel Fuller bautizó lo que hoy se conoce como cine de autor. El mejor ejemplo para amar a Sam (así lo conocen sus fanáticos, los franceses sin lugar a dudas) es esta película fuera de serie sin concesiones ni para la derecha (su país, los Estados Unidos) ni para la izquierda (la moda soviética, arriba los pobres del mundo con toda la violencia que sea necesaria) en medio de un período candente de cacería de brujas (macartismo) y guerra fría (la Unión Soviética pretende dominar al mundo). La medida del cinismo de Fuller se puede medir por la previa conversación que tuvo con Jean Peters antes de comenzar la filmación. ¿Es verdad, Sam, que Betty Grable te está forzando a que le des mi papel? ¿Tú crees que yo lo voy a permitir, para que luego insista en meter una canción sin ton ni son? ¿Y a mí, por qué me elegiste? Porque caminas con las piernas abiertas como las putas y ese va a ser tu personaje. No temas, Richard Widmark es un bergante que no se anda fijando en esas cosas y al final procuraré, si el FBI me deja terminar la película, que se quede contigo. A pesar de las opiniones negativas emitidas por J. Edgar Hoover sobre el personaje de Skip McCoy (Richard Widmark, el carterista): No me gusta ni un poquito cuando dice con sarcasmo, ¿estás ondeando la bandera para mí? Y Jean Peters, que se ha dejado robar un microfilm, es golpeada salvajemente por el comunista. Y Skip McCoy también la suena, pero también le da unos besos bien calientes por lo que ella se negó a que su novio de entonces, Howard Hughes, estuviera husmeando dentro de la filmación con la aprobación de Fuller. Hasta el detective interpretado por Murvyn Vye es cínico, como buen agente del orden, afirmaba Fuller. Y la copa se derrama con la actuación de Thelma Ritter en su rol de soplona. Simplemente no se puede creer, ni explicar, tienen que verla. Hay veces en que los padres modernos, que crían a sus hijos por códigos de puntuaciones en cuanto a las películas que les están permitidas ver de acuerdo a la edad, deberían ser más distraídos y permitirles estas cosas, como sus padres hicieron con ellos y que sufran el impacto de la muerte de Moe Williams/Thelma Ritter como la sufrimos nosotros en aquel momento y estamos aquí escribiendo esta crítica con una foto de cuando éramos niños a un costado. A Thelma Ritter, Sam la diseña para que la maten a golpes (Fuller estuvo de soldado durante la Segunda Guerra Mundial, pero parece que no disparó suficiente tiros, se quedó con ese trauma por dentro) y solo finge atenuar la escena con la melodía francesa *Mam'selle* en boca de Yves Montand. *Pickup on South Street* es una película perfecta, entre las primeras dentro de la categoría de *film noir* en que la encasillaron. Todos sus actores deben estar agradecidos de la participación que Sam les dio. En especial Richard Widmark, no en su mejor momento, porque todos sin excepción lo fueron. En el 2008 murió Richard Widmark a los 93 años y llamó la atención que en el extremo sur del continente americano le dedicaran la primera página de sus periódicos a ensalzar sin limitaciones a uno de los grandes de la pantalla. Ellos, tan asiduos a despreciar el cine del norte, derramaron elogios y lágrimas por este rubio casi albino que siempre estuvo mejor cuando más perverso era su rol.

2. *The Naked Spur* (Anthony Mann) James Stewart, Robert Ryan, Janet Leigh, Ralph Meeker, Millard Mitchell

Anthony Mann y James Stewart trabajaron en cinco oestes y los cinco con las mismas características: un hombre con un pasado a cuestas y un paisaje de fondo que lo empuja a exteriorizarlo. *The Naked Spur/ La espuela desnuda/ El precio de un hombre/ Colorado Jim (*en España*)* fue la tercera colaboración de ambos y todavía, a pesar de los escenarios naturales de Durango en Colorado, las Montañas Rocosas de fondo, es aclamado como un oeste claustrofóbico e independientemente del efervescente color, muy oscuro. Tesis van y tesis vienen sobre este olvidado film que los fanáticos del *western* comienzan a situarlo entre los diez primeros lugares y los más arrebatados al género entre los primeros cinco. Para algunos, el deseo de sus personajes por algo material (entiéndase dinero, siempre el dinero) constituye una persecución hacia su propia destrucción como en *The Treasure of the Sierra Madre* (John Huston, 1948) remontándose a James Stewart, su personaje principal, que es un cazador de fortuna nada benigno, nada noble, que tiene que encontrar a Robert Ryan, llevarlo a la cárcel donde le espera pena capital y cobrar por la operación. *The Naked Spur* es un alegato contra la pena de muerte en base a enfrentamientos entre héroes y villanos, violencia contra razón y paisaje exterior en respuesta al paisaje interior convulso de sus protagonistas. Mientras más convulsos, la naturaleza responde con unos rápidos donde Ralph Meeker pierde la vida, un macizo tronco arrastrado por la corriente se encarga de exterminarlo. Es Robert Ryan quien se roba el show, que no tiene que sorprender a nadie porque siempre fue un actor de primera fila. Sí sorprende Janet Leigh, que nos tenía acostumbrados a comedias bobas o de aventuras ligeras donde como objeto de decoración tenía ganado su trabajo. Es el papel de Janet Leigh el más enigmático, ¿qué quiere y a dónde se dirige esta primitiva mujer, casi una niña, delirando por un pérfido como Robert Ryan? No se puede hablar de *The Naked Spur* en el recuerdo, sino de volverla a ver con el concepto que Anthony Mann se hizo de los hombres que forjaron el oeste: la mayoría tenía perturbaciones psicológicas serias.

3. *Calamity Jane* (David Butler) Doris Day, Howard Keel, Allyn Ann McLerie, Philip Carey

Después de la popularidad alcanzada por *By the Light of the Silvery Moon* (1953), David Butler decide reincidir de inmediato con Doris Day en esta versión musical de la heroína del oeste, la fabulosa pistolera Juanita Calamidad. Todavía se nombraba la versión de Yvonne De Carlo y Howard Duff, *Calamity Jane and Sam Bass* (George Sherman, 1949) con hermosos caballos y poca bulla. Esta vez, poniéndole buenas canciones y un poco de picardía, la Day aseguraría su definitivo ascenso al estrellato. Howard Keel fue prestado a la Warner Brothers por la MGM, en un rol que le cuadraba a su facha de vaquero. La marimacho Juanita tiembla cuando le ve la estatura. Sin embargo, Allyn Ann McLerie es el elemento femenino que pone en dos y tres a Doris Day. Es la primera vez que Juanita descubre su afición por las mujeres bonitas. Y el público comienza a consternarse. Que la trama tome otro giro, que no siga por donde va porque hay muchos niños en la sala. Quién lo iba a decir de Juanita. Para seguir empeorando la situación, Doris Day ahora no se sabe de quién está enamorada, canta *Secret Love*, ganadora del Oscar como mejor canción. Dejando atrás las sospechas y las dudas, *Secret Love* es conocida como himno de las mujeres con inclinaciones. Después de estos múltiples y torcidos enredos, de lo único que *Calamity Jane* adolece por quedar bien (?) con los niños es de las limitaciones en el tema abordado, que de no haber sido ashoy estaría situada en el antecedente mayor de *Some Like It Hot* (Billy Wilder, 1959) donde reírnos a carcajadas del sexo es aceptarlo en su amplio espectro, si al final del cuento nadie es perfecto.

4. *Niagara* (Henry Hathaway) Joseph Cotten, Marilyn Monroe, Jean Peters

Insólito, el nacimiento de un mito. La escena en que la Monroe sale de rojo a que le pongan el disco con la canción *Kiss* es de provocación a quemarropa, se la anda buscando. Marilyn es el gran símbolo sexual de los 50 y de América, no existe otra. Cuentan de los escalofríos de Joseph Cotten cuando en filmación supo que ella no llevaba nada puesto bajo la sábana que la cubría. ¿Acaso no eres mi marido en la película? Y lo engaña, y él la ahorca en la famosa torre del reloj que da la hora musicalmente y tiene que dormir una noche con ese cuerpo inerte a su lado, en lo que se ha despejado como pura necrofilia, *consumato* es. Uno de los primeros *films noir* en colores. Los años 50 fueron la culminación de los *comics* (las revistas de muñequitos) y *Niagara/Torrente pasional* es su máximo exponente en la pantalla. Marilyn es tan deliciosa y tan perversa y tan amiga de jugar con fuego que uno se vacuna contra lo que le puede suceder, porque le va y le tiene que suceder. Ella todo lo exagera hasta el relajo, el hablar, el caminar y todo le queda bien. Ella es como las cataratas que tiene de fondo, un espectáculo que nos regaló la naturaleza.

Las películas más sobresalientes de
1954

1. *On the Waterfront* (Elia Kazan) Marlon Brando, Eva Marie Saint, Karl Malden, Lee J. Cobb, Rod Steiger

El hombre del tranvía, como le apodaban a Brando, arremetió con ganas y vandalismo escénico, puro cine, en este drama de delaciones, traiciones y mea culpa de su director Elia Kazan. No soy más comunista, me cago en todos ellos y una gran parte de Hollywood, una vez enloquecidos por trabajar bajo su mando, no se lo perdonó en público cuando la Academia le rindió homenaje en 1999. Marlon Brando se llevó el Oscar por este nido de ratas y la debutante Eva Marie Saint agarró el suyo como secundaria, linda, verdaderamente linda en refajo así como en las escenas de enamoramiento con Marlon echando vapor por la boca bajo el frío de Hoboken en New Jersey, soportando las filmaciones en exteriores. Para algunos, Elia Kazan convirtió esta película en su testimonio político, se adueña del papel de Brando para decir: «Tú no entiendes. Yo pude haber tenido clase. Pude haber sido un contendiente. Pude haber sido alguien y no un cualquiera, que es lo que soy, no vamos a engañarnos. Y fue culpa tuya, Charlie». Escoltado por Martin Scorsese y Robert De Niro, Elia Kazan recibió su merecido premio por una obra casi perfecta, a pesar de los que quisieron abuchearlo como Nick Nolte y Ed Harris o aquellos como Steven Spielberg y Jim Carrey que se resguardaron en sus asientos sin pararse para no verse involucrados ni de un lado ni de otro mientras que otros aplaudieron con furia, mi hombre, mi hombre, entre los que estaban Warren Beatty (Kazan lo puso en un altar en *Splendor in the Grass*, 1961), Karl Malden, Meryl Streep. Helen Hunt, Kurt Russell, Lynn Redgrave (mi hermana Vanessa dejará de hablarme, por unos días nada más, porque aquí en secreto ella no puede evitar que la inviten a comer a restaurantes caros como todos los izquierdistas burgueses) y desde lejos, señalada en la lista negra por el macartismo, Kim Hunter sin odios ni rencores aprobó el premio, no importa la persona, su trabajo es memorable, me llevó al Oscar. La parafernalia siguió afuera entre pandillas que se insultaban. Y aquello no fue más que el preámbulo de una inspiración para que Scorsese se embullara a filmar *Gangs of New York* (2002), los dos bandos enfrentados son una reverenda mierda. Aunque Kazan no lo dijo al cierre de la presentación, flotaban en el ambiente las palabras de Terry Malloy/Brando hacia el final de *On the Waterfront* cuando le grita al canalla Lee J. Cobb, como si estuviera gritándole a un rojo: "Eres un maleante, un miserable, bajo, asqueroso y hediondo maleante. Y me alegro de lo que te hice, ¿me oyes? Me alegro de lo que te hice". *On the Waterfront* no sólo queda entre las 10 películas más sobresalientes de 1954, sino entre las 10 de la década. Y quizás más allá.

2. *Star is Born* (George Cukor) Judy Garland, James Mason, Jack Carson, Charles Bickford

A Judy Garland le quitaron el Oscar impunemente, se burlaron de esta mujer casi niña cuando más necesitaba reconocimiento. Poco tiempo atrás había hecho un intento de suicidio que fue considerado una ofensa, un mal ejemplo que no debía premiarse. Sin embargo, el tiempo se encargó de elevarla a niveles estratosféricos. Un tiempo en que el movimiento gay dejó de ser frívolo y con empuje en el sector artístico la impuso de nuevo: Quien no haya visto a Judy Garland en *Star is Born* no es amante del cine y no puede ser amante de nadie, y no es un problema sexual que conste. George Cukor le aguantó las neurosis, las bajadas y subidas de peso, el prolongamiento incosteable de la filmación. Cukor no tuvo que exigirle mucho, salvo paciencia y ciertas palabras de ánimo. La Garland lo daba todo como quien quiere morirse ya y ahí les dejo eso. *Star is Born* cierra con un final estremecedor y en el cine han habido sólo dos o tres. Vicki Lester se presenta frente a una muchedumbre de fanáticos y dice: *I am Mrs. Norman Maine,* homenajeando así a su marido suicida, el impecable James Mason. Los que escuchen de una versión restaurada de este sobrecogedor film que ni se acerquen, no corran el riesgo de verla, háganse un ecbó como protección. La versión con cortes que se exhibió en el momento de su estreno es la que es. Consejo sano: no acepten otra.

3. *Rear Window* (Alfred Hitchcock) James Stewart, Grace Kelly, Raymond Burr, Wendell Corey, Thelma Ritter

Hitchcock debuta en Hollywood con el denominado melodrama gótico *Rebecca* (1940) filmado bajo el puño de David O. Selznick y distribuido por United Artists. La siempre gran casona blanca de Selznick en los créditos parecida a la de los O'Hara en *Gone With the Wind* (Victor Fleming, 1939) y el repiquetear de campanas le anunciaban al público la llegada de algo maravilloso. Porque Selznick era el equivalente en el cine de lo maravilloso, no maravilloso histórico, pues ese término estaba reservado para Cecil B. DeMille. Y si le agregamos fantástico menos que menos, son otros cinco pesos. Quiere decir que añadiendo la palabra fantástico a maravilloso ya no estamos pisando terreno cinematográfico sino de literatura, en especial la latinoamericana que hizo un *boom* internacional en la década de los sesenta: Lo real y maravilloso fantástico donde aparecen las revoluciones con sus dictadores malévolos que se resisten a morir, los personajes que vuelan, el que le crecen alas de pajarón, a otros cola de lagarto, ciudades como La Habana, insomnes, rendidas al culto de la música, negras en chancletas de sobacos encendidos que se pasan las madrugadas cantando boleros y tantas y tantas murumacas más. Y no confundir este *boom* con el *Boom!* (1976) de Joseph Losey dirigiendo a Elizabeth Taylor y Richard Burton ya que el único que le dio visto bueno a ese adefesio engendrado por Tennessee Williams fue John Waters, un excéntrico del séptimo arte que puso a comer caca de perro a Divine en su transgresiva comedia *Pink Flamingos* (1972). Después de *Rebecca*, Hitchcock se paseó por casi todos los estudios con gallardía y taquilla. El gordo sabía aunar calidad, gusto creativo y popularidad para un público de cualquier ralea. *Rear Window* es el inicio de su período con la Paramount Pictures, uno de los más significativos. Para su realización tomó el cuento de Cornell Woolrich titulado *It Had to Be Murder* y levantó en los hangares de la Paramount el trasfondo de un edificio de varios pisos con sus ventanas del fondo frente a la de James Stewart, un fotógrafo con una pata enyesada que se dedicará durante el transcurso de los 112 minutos que dura el film a rescabucharlos. Es Thelma Ritter, la enfermera desprejuiciada, como toda enfermera que se respete, la que le hace la siguiente observación cuando lo masajea, lo baña y le limpia (uno se lo imagina) los efluvios de las delirantes noches que pasa despierto mirando al vecindario a través de unos binoculares: Nosotros (son los años cincuenta) nos hemos convertidos en una raza de *Peeping Toms* (hermosa expresión que en inglés se emplea para definir a los mirahuecos). Lo que se ha dicho de esta película intimista de Hitchcock (hay diálogos muy largos y teatrales entre sus protagonistas) es que Grace Kelly desbordó una sensualidad rara y pegajosa reforzada por un vestuario único diseñado por Edith Head, que luego vistió al resto de las mujeres de Hitchcock mientras estuvo bajo el techo de la Paramount. Quienes hayan visto quince veces esta película, y son legiones en todas partes el mundo, en la última pasada puede que den un grito de espanto cuando descubran lo que estando muy evidente jamás se habían percatado hasta ese momento: la pata enyesada de James Stewart está siempre en primer plano con el dedo (una chambelona para los fetichistas) erecto como un pequeño falo que a veces el tímido Stewart sin mala intención le hace un involuntario movimiento obsceno. Hay quienes no tienen muy claro y deberían convencerse de que Alfred Hitchcock no es sólo el mago del suspenso sino el rey de la lascivia soslayada.

4. *Executive Suite* (Robert Wise)

El reparto es de virtuosos, quiere decir, actores a toda prueba: William Holden, Barbara Stanwyck, Fredric March, Walter Pidgeon, June Allyson, Louis Calhern, Dean Jagger, Paul Douglas, Shelley Winters y Nina Foch. Y cada cual se extrema en sobresalir con moderación, algo raro en un salón cerrado lleno de celebridades, algunas con nominaciones al Oscar y otras con la estatuilla en la mano. Los controversiales críticos comparan a *Executive Suite* con *Patterns* (Fielder Cook, 1956) y la tiran por el suelo, la arrastran. Pero *Patterns* fue filmada casi tres años después, lo que invalida la comparación. Además, que salvo esos críticos nadie ha mostrado interés por ver *Patterns*. El tema del poder en las grandes corporaciones fascina a más de uno en el público, similar a los asuntos de juicios y aquí en esta sala ejecutiva donde trasciende la mayor parte de la acción hay gusto y sobriedad, poca sobreactuación, justificable en el caso de la Stanwyck. Una observación: lo mejor del film corre por las manos de Nina Foch nominada para un Oscar secundario en su papel de secretaria ejecutiva e increíblemente con June Allyson, la mujer de William Holden en el film. Qué suerte la de la rubita de voz ronca hecha ahora toda una mujer que le gusta jugar de manos con los hombres, con la suerte aquí de dormir en matrimonio con el *golden boy*. A partir de este momento, June Allyson y la indiscutible Nina Foch (un caso semejante al de Jan Sterling) quedaron en el cine para ser adoradas. No se puede menospreciar a los enemigos pequeños. *Executive Suite* es una de las pocas películas sin banda sonora, abre con el ruido de un congestionado tráfico y el repiquetear de una campana. La única canción que se escucha en los 104 minutos de duración es *Singing in the Rain*, cantada fuera de cámara por el hijo de William Holden. Si los halagos no han sido suficientes y la trama no muestra interés para seguirla, olvídense de ella, hagan entonces foco en la sublectura erótica del film cuando William Holden se cambia de pantalones fuera de cámara, el imperceptible ruidito del zipper al subir y quedarán impresionados o más turbados de la cuenta.

5. *Carmen Jones* (Otto Preminger) Dorothy Dandridge, Harry Belafonte, Pearl Bailey, Olga James, Roy Glenn, Diahann Carroll, Brock Peters

Desde los tiempos de *Stormy Weather* (Andrew L. Stone, 1943) nunca se había visto a una pandilla de negros talentosos tomar la pantalla e incendiarla. Harry Belafonte y Dorothy Dandridge (nominada al Oscar por su rol de Carmen) entran por la puerta ancha (es una película en CinemaScope) al mundo del cine. Gracias a *Carmen Jones* el compositor Bizet llega con su música operática a márgenes de popularidad inimaginables. Qué mejor ambiente la época de la Segunda Guerra Mundial en Carolina del Norte con un soldadito americano, una obrera de una fábrica de paracaídas, unos eternos pillos y rumberos de bar en bar y un boxeador en lugar de un torero. Aunque la única que canta con su voz es Pearl Bailey, el doblaje que hace Marilyn Horne por la Dandridge y el de LeVern Hutcherson por Belafonte no se resiente, el que no está en el asunto de la música se traga la bola. Hasta ese momento, en Francia la Carmen había sido Viviane Romance, en España la Imperio Argentina y en Estados Unidos aunque maltratada por la crítica, la Rita Hayworth, de sangre latina, floreaba su personaje con lo que el personaje de la Carmen requería: fatum. Dorothy Dandridge las opacó. *Carmen Jones* es, además, el debut en el cine de Saul Bass en el diseño de los créditos. Bass inicia aquí un concepto y crea una escuela: el poder de la síntesis, lo mínimo necesario. La llamita cimbreante que devora a la rosa mientras aparece la palabra *END* lo dice todo. Con los años, Bass no fue fiel a sus principios, no supo permanecer dentro de su estilo. Para la película *The Cardinal* (Otto Preminger, 1963) introduce la figura humana caminando por los laberintos del Vaticano, muy recargados de elementos geométricos que no dejan de ser fascinantes, pero no es Saul Bass. Y en *Seconds* (John Frankenheimer, 1966) da un giro de 180 grados con deformaciones amorfas, semigelatinosas, de unos ojos, unos labios, unas orejas, unas fosas nasales, una boca abierta que nos va a tragar como preámbulo de la transformación diabólicamente plástica que va a sufrir el personaje central, Rock Hudson, en pleno dominio de lo mucho que le costó llegar a ser un actor consumado. En *Seconds* lo logra. La gracia de *Carmen Jones* persiste por aquello de que no es una ópera, ni siquiera es un musical. *Carmen Jones* es un jugoso drama con canciones (arias, dúos, cuartetos) que van alimentando el camino hacia un trágico final: cuando Carmen Jones se tira las cartas y le aparece el nueve de espadas no hay más nada que decir, la muerte, niña, no hay quien te la quite de encima, cuida ese cuello, no lo pongas por delante porque te lo tuercen.

6. *The Country Girl* (George Seaton) Bing Crosby, William Holden, Grace Kelly

Contrario a lo que dijo el poeta, quien la vio ya no quiso ni recordarla ni repetirla jamás. *The Country Girl* es un drama de Clifford Odets y es el Oscar de Grace Kelly. Es aburrida y embarazosa, no tiene para cuando acabar. ¿Qué hay entonces de interesante en este drama de una mujer que volvió por su amor? Quizás las posibles escenas de amor de Grace Kelly con William Holden. Actriz que le tocara trabajar con Holden, actriz que se daba banquete en los encuentros. Pero la Grace era imprevista y no hacía el menor esfuerzo por esconderse. El equipo de filmación dio el grito en el cielo cuando contra todos los pronósticos no se dio el *"clinch"* y se le corrió a Holden con Bing Crosby, viejo, calvo, con bisoñé, como después se supo le gustaban a la gélida con fuego uterino, que también flirteó con Ray Milland durante la filmación de *Dial M for Murder* (Alfred HItchcock) ese mismo año.

Ya no queda nadie con vida que pueda describir el secreto y dudoso encanto de Holden con otras actrices ni las públicas ordalías de la Kelly. *The Country Girl* es un dime y direte dentro del mundo del teatro, detrás de las bambalinas, con un Bing Crosby creyéndose que podía arrebatarle el Oscar a Brando. En el mundo de Hollywood el Oscar siempre está presente como tabula rasa de cualquier aparición consistente en la pantalla. La Kelly, teatralmente excelente, pero por solidaridad y justicia con la Garland nunca está superior a Judy así vaya de mujer pueblerina, esposa de un actor alcohólico en decadencia, guardando sus frustraciones detrás de unas gafas que está obligada a usar mientras zurce, la vida se le ha roto por muchas partes, a transformarse en una atractiva mujer que es la misma Grace Kelly en persona y esos cambios fríos de personalidad conmueven mucho a la Academia dijeron los estudiosos del caso. Ese es el momento en que Holden le da el apretón y la película por unos segundos parece más atractiva. Después de su estreno nadie le hizo caso y es de suponer que la culpa completa se deba a Odets y a su arcaico concepto del drama directo, sin espacio para las sugerencias, como arcaica y manipulativa fue su intención cuando escribió *Esperando al Zurdo*. En 1955 se filmó otra obra de Odets, *The Big Knife*, dentro del mundo del cine, más elaborada y opresiva. En este recuento de lo más sobresaliente de la década del 50, *The Big Knife* (Robert Aldrich, 1955) ha sido omitida a propósito para dejarle al lector que desarrolle algo de su propia imaginación.

7. *White Christmas* (Michael Curtiz) Bing Crosby, Danny Kaye, Rosemary Clooney, Vera-Ellen, Dean Jagger

La película más recaudadora de 1954, doce millones de dólares. Y la primera película filmada bajo el sistema Vista-Vision de pantalla ancha que usaba el doble de la superficie de un negativo de 35 milímetros. La canción de Irving Berlin que le da título y a su vez la más famosa canción de Navidad, ya había sido estrenada por el propio Bing Crosby en *Holiday Inn* (Mark Sandrich, 1942) de la cual *White Christmas* es considerada sospechosamente un *remake*. Lo que ha quedado de este film, además de la canción tema y otras pegajosas melodías del propio Berlin, son los chismes e incidentes que rodearon a esta película. Por ejemplo, Fred Astaire se negó a actuar después de leer el libreto. Donald O'Connor inventó enfermedades y a Danny Kaye le cayó como anillo al dedo, algo parecido a Bette Davis cuando el peliagudo asunto de *All About Eve* (Joseph L. Mankiewicz, 1950). La coreografía estuvo en manos de un sin crédito Bob Fosse, que resultó un descredito. Ninguno de los bailarines que participaron con notables momentos como Barrie Chase, George Chakiris y John Brascia tampoco fueron nombrados. A Rosemary Clooney, con siete años menor que Vera-Ellen, se le hizo aparecer como la hermana mayor. Y a la propia Vera-Ellen, considerada anoréxica por los estudios, le prohibieron los vestuarios que mostraran el cuello. A Dean Jagger le impusieron un tupé que le ocultara la calvicie. Para colmo, Rosemary Clooney no pudo grabar el álbum con las canciones de propaganda del film porque tenía contrato con la Columbia Records y este saldría bajo el sello Decca. En su lugar, Peggy Lee se puso las botas. Solo por la canción, para los que no tengan idea de lo que es la nieve ni el disfraz de Santa Claus vale la pena repetir *White Christmas*. Y por aquello de "Yo vi la primera película realizada en VistaVision".

8. *Seven Brides for Seven Brothers* (Stanley Donen) Howard Keel, Jane Powell

En la década de oro de los musicales, aquí nos encontramos con una película fácil de ver, picaresca y juguetona, eterna para recordar. Te acuerdas de aquella *Siete novias para siete hermanos* ... es lo primero que sale a colación cuando se habla de cómo la MGM acaparó en los años cincuenta el primer lugar de Hollywood en lo que respecta a contar una historia intercalando bailes y canciones. La energética y autosuficiente Jane Powell que anteriormente habíamos sufrido en *Holiday in Mexico* (George Sidney, 1946), *A Date With Judy* (Richard Thorpe, 1948), *Luxury Liner* (Richard Whorf, 1948) y ni hablar se diga, para qué seguir enumerando las pesadeces de esta niña, logra relajarse, se pone a tono en su papel de esposa de Howard Keel con la esperanza de una carrera más sólida que nunca apareció. El propio Keel se afianza como un actor sexy, antes tratado como un tonto de más de seis pies, un manganzón soso, un palo de escoba. Sin embargo, son Russ Tamblyn y Jeff Richards los que aprovechan la oportunidad para consolidar carrera. Russ, que venía luchando con papelitos desde 1949, verlo con crédito en *Samson and Delilah* (Cecil B. DeMille) logra, aunque un poco afectado, hacer carrera en el cine. El astuto Jeff Richards, acostumbrado a robarse las bases en su oficio anterior de pelotero de las ligas menores de Portland Beavers, encontró su camino y su destino en la televisión. Y cabe admitir que cuando Jeff se dejó la barba y se fue para el mundo del oeste, pistola al cinto, a veces sosteniéndola en la mano, pareció un actor de verdad. Nada en *Seven Brides for Seven Brothers* hubiera sido posible si el astuto Stanley Donen dejando a un lado su amistad con Gene Kelly no le propuso la coreografía, cosa que tampoco este iba a aceptar si no era la estrella principal. Son la magia y el concepto danzario de Michael Kidd los que le aportan a *Seven Brides for Seven Brothers* su toque innovador en el género: los bailes tienen que ser parte del desenvolvimiento de la historia, integrarse a la trama y no un punto de relajamiento, a veces de ofuscamiento, como ha sucedido con tantos musicales. Adaptada de un cuento de Stephen Vincent Benét, a su vez inspirado en la leyenda romana del rapto de las sabinas y desarrollada en los campos de Oregon, las siete novias en sus inicios de rodaje no fue vista con buenos ojos por la MGM. Lo que favoreció a Michael Kidd que tuvo el banderín abierto para que eligiera con entera libertad al equipo de hombres y mujeres que acompañarían a Keel y a Powell en la historia. Kidd contrató a cuatro bailarines de larga carrera profesional, incluyendo a Tommy Rall del American Ballet Theater y Jacques d'Amboise que fue prestado por el New York City Ballet, a un consumado gimnasta (Russ Tamblyn), a un fornido pelotero (Jeff Richards) y al memorable Marc Platt de sus tiempos en la Columbia Pictures y a Matt Mattox. Las novias estuvieron integradas por Julia Newmar (bailarina clásica), Ruta Lee (consumada actriz de la televisión), Norma Doggett, Virgina Gibson y Betty Carr (de larga experiencia en las tablas de Broadway) y una prometedora debutante, Nancy Kilgas. El equipo, Michael Kidd fue un coreógrafo de desplazamientos con movimientos enérgicos, le arranca más de un suspiro suspicaz y tendencioso al público de matinée cuando llega la ya escena culto de construir un granero. Eso y colosal son una misma cosa, el mejor ejemplo para acercarse a un genero poco entendido hasta entonces por falta de lo que tiene en cantidad esta película: cuando los actores cantan siguen la acción y la enriquecen, cuando bailan se crece la trama. El venerado Michael Kidd murió el 23 de diciembre del 2007 a los 92 años de edad. Alumno en sus comienzos de Blanche Evan, pionera en el desarrollo de la danza como terapia, le fue siempre fiel a su maestra. Más que su director Stanley Donen, fue Michael Kidd quien le regaló a la historia del cine este espectáculo (en CinemaScope y Ansco Color) que es una dulce medicina para el espíritu.

9. *The Glenn Miller Story* (Anthony Mann) James Stewart, June Allyson

Anthony Mann y James Stewart aceptan reunirse otra vez no para tirar tiros en el oeste sino para divertir al espectador con una orquesta muy particular, la del inigualable Glenn Miller. Atrás quedaba un trío de éxitos: *Winchester 73* (1950), *Bend of the River* (1951) y *The Naked Spur* (1952). Mr. Mann se juega el todo por el todo en este musical y como en un buen torneo de pelota bota la bola de jonrón. Si es fiel o no en la vida de Glenn Miller eso es lo de menos. James Stewart sale adelante en su interpretación y June Allyson se le acopla con buena química, como en los tiempos de *The Stratton Story* (Sam Wood, 1949) y luego se encontrarían otra vez en *Strategic Air Command* (Anthony Mann, 1955). Más el diablo sabe por viejo y Mann hace de la música la verdadera estrella del film. Con ganas de levantarse de sus asientos, los pies inquietos, la gente vuelve a disfrutar o conoce por primera vez un *long playing* de números que jamás han pasado de moda, la época de las orquestas jazzistas norteamericanas. *In the Mood, American Patrol, Chattanooga Choo Choo, Moonlight Serenade, Little Brown Jug, Tuxedo Junction, Pennsylvania 6-5000, String of Pearls* vuelven a escucharse, algunas acompañadas con formidables cameos de Louis Armstrong, Gene Krupa, Frances Langford, Ben Pollack, compruébenlo por su cuenta. Glenn Miller fue dado por muerto el 15 de diciembre de 1944 en el Canal de la Mancha y todavía subsisten muchas versiones sobre su desaparición. Una de las más cuestionables es que en la Francia ocupada, como hablaba perfectamente el alemán, infiltrado de OSS en el espionaje (hasta Julia Childs perteneció en Paris a las filas de esta organización) fue asesinado por los nazis en un burdel donde se había refugiado. Interrogantes para un best seller.

10. *The Caine Mutiny* (Edward Dmytryk) Humphrey Bogart, José Ferrer, Van Johnson, Fred MacMurray, Tom Tully, Robert Francis

En la noche del Oscar, a pesar de sus varias nominaciones, *The Caine Mutiny* no se llevó nada para casa. Por supuesto, ni pensar que Bogart le iba a arrebatar por segunda vez el Oscar a Brando. Sí, Bogie estaba bien, igual que Van Johnson, Fred MacMurray y José Ferrer como secundarios. Pero fue Tom Tully quien mereció la nominación de carácter.

Aunque la película fue bien recibida, desde el inicio de su rodaje se vio envuelta en problemas. La Columbia Pictures le prohibió terminantemente a Dmytryk alargarla a tres o cuatro horas como tenía pensado. Con dos es suficiente y quien sufrió con los cortes fue el debutante Robert Francis al cual le auguraban un triunfo atroz en su carrera. Carrera inconclusa. Un año después se estrellaba manejando una avioneta privada y Hollywood perdía a su mesiánica estrella. Lee Marvin, casi de incógnito en sus comienzos de actor, fue nombrado consejero no oficial del film por su experiencia como marine durante la Segunda Guerra Mundial. Si la marina americana accedió a colaborar con la filmación fue en base al acuerdo por escrito y que apareciera al inicio del film después de la mujer con la antorcha que representaba a los estudios de la Columbia de que en la fuerzas navales americanas nunca hubo un barco llamado Caine y menos que un capitán de la marina hubiera sido relevado de su cargo, jamás de los jamases, como comandante a bordo bajo los artículos 184-186. Que se diga entonces de esta forma: "Nunca ha habido un motín en un barco de los Estados Unidos. Las verdades de este film no descansan en los incidentes presentados sino en la forma en que unos pocos hombres le hacen frente a la crisis de sus vidas". Conclusión: Después de su estreno, con excelente acogida de público y de recaudaciones, Edward Dmytryk habló por primera vez de su pasado, de su afiliación política, de cuando estuvo preso durante el macartismo, de cómo algunos camaradas del partido comunista le hicieron presión para que introdujera propaganda política en sus películas (*Tender Comrade*, 1943, la más significativa) y de cómo echó palante a 26 de ellos para que no siguieran jodiéndolo con lo que debía filmar, adoptando la figura del personaje de Bogart aparentemente enloquecido porque lo han acorralado mientras que al final de la película uno no tiene ninguna opinión ni sobre el comandante Queeg ni por Dmytryk, cuando el primero recita las siguientes líneas: «Hay cuatro maneras de hacer las cosas: la manera correcta, la incorrecta, la que indica la marina y mi manera. Si ellos hacen las cosas a mi manera, nosotros saldremos adelante». Y se sale del cine teniendo en mente el clímax de la película, sintiendo lástima por Quegg y su director cinematográfico. ¿De qué clímax me estás hablando, hombre? Hagamos un *flashback* del film. Cuando los amotinados del Caine suben a dar sus quejas al portaaviones que lidera Tom Tully, una ciudad danzante en el océano, ¿qué coño es esto? es la pregunta de asombro que aflora en sus mentes y nosotros con problemas insignificantes en un buque que es un casco viejo no hemos hecho más que reafirmar el dicho: En pueblo chico, infierno grande. Las dos preguntas que estimularon la propaganda del film: ¿Fue el motín del Caine un acto criminal? ¿O fue un acto de coraje por salvar al barco de la destrucción en manos de su capitán? Véanla y decidan, sin sacar la cuenta de los años que le cayeron encima. Dos opciones: O la valoran como una *Antique* o la venden como pura chatarra.

Dos que no debieron quedarse fuera:

1. *Magnificent Obsession* (Douglas Sirk) Jane Wyman, Rock Hudson

El oscuro director alemán Douglas Sirk inicia con esta película una vertiginosa carrera de éxitos que lo coronan como el rey mundial, que es bastante decir, del melodrama. "El estilo Sirk" se impone como tópico obligado en el séptimo arte igual que una vez se impuso "el toque Lubitsch". Nunca antes el público medio norteamericano se sintió tan orgulloso de sus críticos de cine cuando estos coincidieron con sus gustos. Rectificación: lo anterior no se concretó hasta mediados de los setenta cuando los ingleses y los franceses descubrieron en Sirk lo que los críticos americanos fueron incapaces de percibir, sin tener en cuenta las masivas recaudaciones que estos filmes producían, bah, era el escueto comentario en forma de desprecio, eso es pura bazofia para un público medio ignorante, deslumbrado por el exagerado uso del color y tanta escenografía plástica; un director sin importancia, banal y poco realista. El *remake* de *Magnificent Obsession* (John M. Stahl, 1935), fiel al original, aportó sin embargo las quejas, el gusto, la desorientación y las interrogantes propias de una sociedad que necesitaba a cualquier precio edulcorarse después de haber vivido una Segunda Guerra Mundial y estar de nuevo metida en Corea. Que Jane Wyman fuese mucho mayor que Rock Hudson es lo que hace graciosa la historia que se cuenta porque si empleamos otra palabra más filosófica sonaría bastante fuerte dentro de este contexto. Con *Magnificent Obsession* y con Douglas Sirk la sociedad americana empieza a marcar pautas de que el sexo se busca donde mejor lo ofrezcan y la diferencia de edad no es un obstáculo. Y poco a poco le fueron añadiendo otros acápites, como que el género, no nos referimos a la comedia, ni a los oestes sino al macho y a la hembra, tampoco tiene importancia. Y ni se diga el color de la piel. Con esas premisas, este tipo de película necesitaba de un elenco capacitado para tragarse la píldora. Y en el caso de *Sublime obsesión* apoyando a los protagonistas están Barbara Rush, Agnes Moorehead, Otto Kruger, Gregg Palmer, Paul Cavanagh y Sara Shane que se mueven con entonación y oficio, pero oficio dentro del melodrama extremo, es pertinente aclarar.

2. *Rogue Cop* (Roy Rowland) Robert Taylor, George Raft, Janet Leigh, Steve Forrest, Anne Francis

Cuando a un director no se le quiere tomar en serio cualquier excusa es válida. Para Roy Rowland, casado con la hermana de Jack Cummings (poderoso productor y director en la MGM) y sobrina de Louis B. Mayer bastó ese pedigrí para que lo enterraran vivo, es un diletante, es un protegido. De nada le valió haber dirigido la deliciosa comedia musical *Two Weeks With Love* (1950) con Ricardo Montalbán como el cubano adinerado Demi Armendez y una novel Debbie Reynolds robándole descaradamente el show a Jane Powell con sobrado talento. Desde ese momento la MGM mimó a Debbie, no se sabe cuántas diferentes fotos de promoción mandó a sacarle para complacer a sus admiradores en cualquier rincón del mundo. Inteligentemente, la Debbie empleaba gran parte de su tiempo en firmarlas con tinta por encima de su nombre impreso: *Best Wishes* o *Fun Always* o *Fun Happiness*. Y todo, recordemos, gracias al menospreciado Roy Rowland que la dirigió en sus comienzos. Para muchos, después de 50 años, *Rogue Cop* comienza a ranquearse como un absorbente e inusual *film noir*. Robert Taylor es un policía corrupto, y Robert Taylor aquí y en muchas cosas más aceptando los años dio la talla y se metió hasta el cuello con los personajes que le tocó recrear. Su hermano es el jovencito Steve Forrest (hermano de Dana Andrews en la vida real) que ha visto un crimen cometido por un gángster y piensa delatarlo. Janet Leigh es la chica con un pasado más que ligero que piensa casarse con Steve, no importa con quién antes haya desandado y desenfundado. Y George Raft por supuesto que es el gángster y Anne Francis, con muchas ganas de actuar y sobresalir, su amante de turno, la descuajaringan toda con una golpiza. Muerto Steve Forrest, Robert Taylor entiende que su turno de venganza ha llegado y la acción corre. *Rogue Cop* fue la séptima nominación al Oscar por fotografía de John F. Seitz. Razón de peso para no dejar de buscarla y verla dondequiera que se encuentre. Seitz, un favorito de Willy Wilder, acumuló las seis nominaciones anteriores con *The Divine Lady* (Frank Lloyd, 1929), *Five Graves to Cairo* (Billy Wilder, 1943), *Double Indemnity* (Billy Wilder, 1944), *The Lost Weekend* (Billy Wilder, 1945), *Sunset Boulevard* (Billy Wilder, 1950) y *When Worlds Collide* (Rudolph Maté,1951) compartido con W. Howard Green. Con *Rogue Cop* pasa lo que hemos repetido infinidad de veces, hay mucho que ver y mucho que no hemos visto gracias a una pésima crítica prejuiciada contra su director o sus actores en el momento del estreno. *Rogue Cop* debe aparecer en cualquier lista como otro olvidado *MUST SEE*. Y a nadie le pesará este voyerismo policíaco.

Nota: Este también fue el año de *Johnny Guitar* (Nicholas Ray), que se deja ver, misterio, más de un millón de veces. El color le pegó duro en la cara a Joan Crawford como para besarla por su espléndida participación.

Las películas más sobresalientes de
1955

1. *East of Eden* (Elia Kazan) James Dean, Julie Harris

El primer CinemaScope de Elia Kazan y la primera película de la leyenda James Dean. Fraccionada la trama de la
novela original, tomando de aquí y de allá lo elemental de la
segunda parte, llega al cine uno de los caballos de Troya de
John Steinbeck, el hombre de las viñas de la ira: *Al este del
paraíso*. Con tesitura teatral los actores de carácter, Raymond
Massey, Burl Ives, Jo Van Fleet y Albert Dekker tratan de
robarle el drama a los jóvenes, pero la leyenda James Dean
corporalmente no dotado como galán y bastante mal en las
escenas de cuerpo entero, sí logra cada vez que las cámaras lo enfocan en *close-up* confundir al lente, enamorarlo de
una extraña manera que muy pocos actores poseen. Y de ahí
arranca la leyenda. Por su lado, Jo Van Fleet en un año agotador se estaba paseando al mismo tiempo por los sets de
The Rose Tattoo (Daniel Mann) y *I'll Cry Tomorrow* (Daniel
Mann), pero es esta la que la lleva al Oscar secundario. La Jo,
mujer de pequeños papeles, cuando trató de centralizar uno,
Wild River (Elia Kazan, 1960), no dio la talla, se le agotaron
los pocos matices que guardaba en la cartuchera. Lo realmente pésimo en este film es Julie Harris, aceptable en *The
Member of the Wedding* (Fred Zinnemann, 1952), pero nunca
mejor porque está por debajo de Ethel Waters, de Brandon
de Wilde y del subvalorado Arthur Franz, un competente y
olvidado actor que gracias al rescate que hacen los DVDs se
puede volver a disfrutar en *The Sniper* (Edward Dmytryk,
1952). Para muchos, Julie Harris, una de las diez primeras
damas del teatro norteamericano, arrastraba con la fama de
haber hundido hasta al cuello este mismo año de 1955 a *I
Am a Camera* (Henry Cornelius), la excelente obra de John
Van Druten que Liza Minnelli en 1972 elevó a nivel insospechable como el musical *Cabaret* (Bob Fosse). La aparición
de la novata Lois Smith en el antro de la Van Fleet, madre
de Dean, subió las apuestas de una nueva principiante, un
meteorito en el firmamento de Hollywood. Con su participa-

ción ese mismo año en *Strange Lady in the Town* (Mervyn LeRoy) las apuestas se duplicaron. La caída de la bolsa fue brutal. Lois Smith trabajó durante cinco décadas con entusiasmo, disciplina, talento y premios, pero nadie la recuerda. James Dean, con tres apariciones, se convirtió en un mito.

Nota: Richard Davalos, el hermano Aron Trask de James Dean, trabajó incansablemente sin el reconocimiento esperado. Falleció el 8 de marzo del 2016 a la edad de 85 años y en su obituario fue recordado por *East of Eden*, por supuesto, y por sus pequeñas participaciones en *Cool Hand Luke* (Stuart Rosenberg, 1967) y *Kelly's Heroes* (Brian G. Hutton, 1970).

2. *Mister Roberts* (John Ford/Mervyn LeRoy y Joshua Logan sin crédito) Henry Fonda, James Cagney, William Powell, Jack Lemmon

Mister Roberts es algo así como la versión feliz, con un dejo sentimental, de *The Caine Mutiny* (Edward Dmytryk, 1954). Un comedión donde el reparto completo se luce, pero es el principiante Jack Lemmon en su cuarta entrada en el cine quien bate las palmas. De aquí en adelante la carrera de Jack es pendiente arriba y una de las más exitosas y apadrinadas por el público. Con una facilidad enorme para desdoblar su personalidad, Lemmon trabajó a la par la comedia y el drama. En *Days of Wine and Roses* (Blake Edwards, 1962) conjugó las dos facetas a la perfección, comienza como una comedia y termina llena de amargura. *Mister Roberts* había sido un verdadero éxito en Broadway. La obra de teatro de Thomas Heggen-Joshua Logan sobre una novela de Heggen había alcanzado con Henry Fonda como Mr. Roberts las 1,157 representaciones y un Tony para el actor. Los estudios creyeron que tanto tiempo haciendo el mismo papel no tendría ningún incentivo volver a dárselo a Henry. Al fin Henry Fonda lo obtuvo por insistencia de John Ford, manejó el papel con los ojos cerrados, pero con cierta apatía por el desprecio que le habían hecho. Nunca incluyó esta película entre sus favoritas. Lo sorprendente es que John Ford sacó problemas con Fonda y se fue en insinuaciones sexuales con James Cagney que quedó sorprendido. A veces Ford tenía esas debilidades, confesó Maureen O›Hara en su biografía al sorprenderlo en un beso de limosna con un actor de *The Long Gray Line* (en el mismo año 1955). Andaba desaforado en esos días. Se decía, pero no se podía creer. Ante un ambiente tan hostil y una operación urgente de la vesícula, Ford fue reemplazado por Mervyn LeRoy, con Joshua Logan siempre en las sombras. James Cagney respirando con alivio exclamó, me salvé de caer en una debilidad. *Mister Roberts* es además el último film que aceptó hacer William Powell y el comienzo de una entrañable amistad de Cagney con Lemmon. El propio Jack cuenta que años después se encontró con James y este le preguntó, ¿todavía te andas haciendo el zurdo?, porque yo nunca me lo creí en *Mister Roberts*. Relegados, pero no olvidados, es necesario mencionar como bates emergentes del equipo al desafortunado Philip Carey y al imprescindible de John Ford, Ward Bond. Hubo una parte femenina a cargo de Betsy Palmer.

3. *Marty* (Delbert Mann) Ernest Borgnine, Betsy Blair

El hecho de que *Marty* fuera el segundo film americano en ganarse la Palma de Oro del Festival de Venecia, el primero había sido *The Lost Weekend* (Billy Wilder, 1945), no solo dejó boquiabierto a más de un miembro de la Academia sino que optaron porque esta punta de lanza de bajo presupuesto fuera declarada la mejor de su año y así evitaban los regaños y las controversias. *Marty* es el triunfo de muchas cosas juntas. La simple y cotidiana historia de un carnicero de 34 años del Bronx cuya familia italiana le cae atrás para que se case había visto la luz en la TV gracias a Rod Steiger que le dio vida. En el cine, contra todas las apuestas, el elegido para representar a Marty Piletti fue Ernest Borgnine y para dirigirlo, Delbert Mann en su debut. Para apoyar a Bornigne la contrapartida femenina fue la comunista Betsy Blair, protegida contra el macartismo por la MGM por ser la esposa del mimado Gene Kelly que le soportaba esas jaranas. Esther Minciotti, Augusta Ciolli y Joe Mantell repitieron sus papeles de la televisión. Bornigne se llevó el Oscar y no era para menos. Él respira ingenuidad, amor, el que anda buscando y no sabe si lo puede encontrar, duda, se resigna, le dice a la madre desesperanzado por sentirse carente de atributos: Soy gordo, soy feo. Producida por la compañía Hecht-Lancaster, quien se lea la biografía de la Blair se enterará con lujos de detalles que además de los méritos propios de *Marty* trayendo un aire fresco de cotidianidad a la pantalla, estuvo Burt Lancaster. Él manejó la propaganda del film con el ojo de un águila y fue la primera vez que una gran parte de los miembros de la Academia tuvieron la oportunidad de ver en casa una película nominada sin el esfuerzo de vestirse y manejar hasta el cine más cercano donde la exhibieran, o peor, ya estaba fuera de cartelera, ¿quién va a votar por eso? Hoy día los miembros reciben paquetes de DVDs con las nominaciones. Para cerrar, *Marty* es el triunfo de su guionista Paddy Chayefsky (mitad judío, mitad irlandés, compartía las dos religiones) que abrió las puertas a otros escondidos y relegados al mundo de la televisión. Con Chayefsky y sus libretos comenzó el llamado "realismo de cocina" o los que otros bautizaron como el naturalismo americano. Gracias, Paddy.

Nota: Betsy Blair y Joe Mantell recibieron sendas nominaciones secundarias al Oscar.

4. *Guys and Dolls* (Joseph L. Mankiewicz) Marlon Brando, Frank Sinatra, Jean Simmons, Vivian Blaine

Por un momento Mankiewicz, el elogiado director por salir adelante en diferentes vertientes: *All About Eve* (1950)

con su cirugía del mundo del teatro; *Five Fingers* (1957), espionaje del bueno, se deleita uno con el exceso de entretenimiento; *People Will Talk* (1951) inaudita, subestimada tragicomedia donde Jeanne Craig trata de suicidarse antes que ser madre soltera y Gary Grant es el protector de un excondenado a muerte, creyó que lo podía todo, más no fue así. Mankiewicz, desafortunadamente, hace de *Guys and Dolls* un espectáculo denso, sin fluidez de la cámara en los momentos musicales, ausente la imaginación en las escenas de grupo. Si Michael Kidd fue el coreógrafo, fue para que todo el tiempo consiguiera mover al mastodonte de Brando, el cual lo hace un poquito gracioso en la escena de La Habana. Frank Sinatra, con el desgano de tener a Brando delante, que le quitó la posibilidad de *On the Waterfront* (Elia Kazan, 1954) y en esta solo se limita a aparecer, exige una nueva canción para él. Mankiewicz recortó muchas canciones del original de Broadway e incluyó la de Sinatra con la justificación de que la curiosidad por escucharla sería un gancho de taquilla. Si actualmente *Guys and Dolls* se encuentra en la cartelera de la Internet es gracias a Jean Simmons. El 22 de enero del 2010 falleció a los 80 años. En cualquier idioma, el comentario unánime fue: La actriz inglesa conocida primordialmente por *Guys and Dolls* donde cantó con voz propia y bailó junto a Marlon Brando. En mi opinión, si yo tuviera que recordarla no podría decidirme entre *Angel Face* (Otto Preminger, 1954), jugoso *film noir* por la degeneración del personaje (la Simmons nunca admitió que ésta fuera una gran película) o *Hilda Crane* (Philip Dunne, 1956) luchando a brazo partido entre dos irrespetuosos de la feminidad, los narcisistas Guy Madison y Jean-Pierre Aumont. *Hilda Crane* se siente vencida por los dos seductores y acaba en un intento de suicidio. La reconciliación final de la pareja Simmons/Madison es una pantomima del director. Como en la vida real fue una mentira la pareja Gail Russell/Guy Madison. Gail, la de ojos tan maravillosos como los de Elizabeth Taylor, murió alcoholizada a los 36 años, traumatizada por la separación

de su pastel de carne. Guy Madison hacía gala de ser un bee-
fcake, lo obligaban a posar semidesnudo, se pasaba la mayor
parte del tiempo jugando de mano con Rory Calhoun, mucho
más alto que él y con más malicia. Hasta aquí hemos hablado
mucho de muchas cosas, menos de *Guys and Dolls*. Para los
que no quieran hacer caso y compren el DVD se van a tomar
un caldo sin sustancia. ¿Y lo que dijiste de Jean Simmons?
Bueno, la escena aislada del bailable en La Habana, un respi-
ro, puede buscarse en You Tube y aplaudirla.

5. *The Desperate Hours* (William Wyler) Humphrey Bogart, Fredric March, Arthur Kennedy, Martha Scott, Dewey
Martin, Gig Young, Mary Murphy

La última película de Bogart y el primer VistaVision
en blanco y negro. Teatro, puro teatro. Bogart es malísimo,
como en sus buenos tiempos de *The Petrified Forest* (Archie
Mayo, 1936) o *The Return of Dr. X* (Vincent Sherman, 1939),
sin ninguna esperanza de regeneración salvo dos o tres bala-
zos que eliminen a este estigma de la sociedad y conste que
estamos contando el final. Otra de las tantas películas de una
familia atrapada por criminales. Recordar *Blind Alley* (Charles Vidor, 1939) y su *remake* con más éxito *The Dark Past*
(Rudolph Maté, 1948) con William Holden como el alucinado y Lee J. Cobb de psiquiatra. O *Suddenly* (Lewis Allen,
1954) enfrentando al perverso Frank Sinatra con el ecuánime
Sterling Hayden. Cuando un niño le grita cobarde a su padre
la violencia se desata de ambos bandos, buenos y malos están
dispuestos a derramar sangre. Dewey Martin, en el pináculo
de su ascenso al estrellato, desaparece de súbito del gusto
popular que había adquirido. En 1975 dijo, yo no sigo, yo no
camino más y se retiró de Hollywood. Si alguien lo recuerda
no fue por esta película, ni por *The Big Sky* (Howard Hawks,
1952), ni se les ocurra por *Land of the Pharaohs* (Howard
Hawks, 1955). A Dewey Martin se le recuerda como el marido
que tuvo para exhibir Peggy Lee en la vida real por unos dos

años. La mujer de *Fever* comía fino y barato porque Dewey era apuesto, buen actor y se buscaba su propio dinero con talento aunque sin éxito. El otro de secundario que le sigue de cerca los pasos, Gig Young, recomienza a trabajar lentamente el camino hacia la estatuilla dorada, muchas horas desesperadas por las que tuvo que pasar. En 1951 lo había intentado con *Come Fill the Cup* (Gordon Douglas). En 1958 volverá a la carga con *Teacher's Pet* (George Seaton). Y en 1969 la alcanza con *They Shoot Horses, Don't They?* (Sydney Pollack), algo tarde, de completo medio tiempo, bien recibido.

6. *Oklahoma!* (Fred Zinnemann) Gordon MacRae, Shirley Jones, Rod Steiger, Gene Nelson, Gloria Grahame, Charlotte Greenwood

Oklahoma! (Oscar Hammerstein II/Richard Rodgers), considerada el *Potemkin* musical de Broadway, llega al cine sin pena ni gloria. Por mucha respiración artificial que sus actores trataron de darle no lograron revivirlo. Después del entusiasmo por disfrutar el sistema Todd-AO en que fue filmado lo guardaron en la caja de los desahuciados. Sin embargo, hoy día que ya no existe Agnes de Mille es un punto obligado de referencia para conocer la escuela coreográfica creada por esta mujer mito en el campo de la danza americana, como Isadora Duncan y luego Martha Graham, así como las vodevilescas y bayuseras Lotta Crabtree y Eva Tanguay pioneras en el oficio de montar un espectáculo sobre cualquier escenario y en la extravagancia de los trapos que se ponían. Rechazada como película, *Oklahoma!* sigue llenando Broadway cada vez que se repone. Aún resulta inexplicable el *knock-out* técnico que le dieron como película. ¿Qué queda a favor entonces? Muchas cosas individuales. Por ejemplo, el baile de Gene Nelson, las excentricidades de Charlotte Greenwood y a veces Gordon MacRae porque le toca cantar buenas partituras como *Oh, What a Beautiful Mornin'*. Después que MacRae se fue de la Warner Brothers, que fueron sus mejores tiempos junto a Doris Day y Virginia Mayo, no pudo salir adelante con el peso de un protagónico, idénticamente que Gene Nelson que ya lo había alcanzado de serio en el *noir Crime Wave* (André de Toth, 1954). La verdadera sorpresa dentro de este engendro: Rod Steiger. Él es el fantasma de esta semiópera en la actuación y en la mejor canción en cuanto a dramatismo con la que cierra el primer tiempo del filme, copiando de los italianos la vieja costumbre de dividir en dos la proyección. ¿Y por qué no gustó? preguntó mi hermana cuando me ordenaba los manuscritos. Porque hay directores que se creen Preminger con *Carmen Jones* y de atrevidos se sienten capaces de sacar adelante cualquier género sin saber que el musical tiene reglas secretas muy específicas: Una pompa de jabón que debe mantenerse en el aire a como dé lugar sin que explote antes de llegar al FIN.

7. *The Rose Tattoo* (Daniel Mann) Anna Magnani, Burt Lancaster, Marisa Pavan, Jo Van Fleet

La historia de *La rosa tatuada* es la historia del amor de Tennessee Williams por un volcán en erupción, Anna Magnani. Le escribió la obra para que la estrenara en Broadway, pero ella se negó. Una aparición en el cine es suficiente, dijo. Y realmente fue más que suficiente. Con la maldad y la picardía de haber estado en amores con Roberto Rossellini antes de que se interpusiera la Bergman, si la pudiera quemar viva como a Juana de Arco exclamó echando lava por la boca y casi con 47 años encima, se enfunda en un refajo negro la mayor parte del tiempo y se convierte en Serafina Delle Rose, y se luce en su debut americano. Con los ojos cerrados Hollywood le entrega el Oscar. Si la película es desigual para algunos, si es más pamplinas que otra cosa, si la tragedia griega que se avecina en manos de la italiana acaba en un mar de risas con un Burt Lancaster que luce exagerado y fuera de ambiente, la escena, esa sola escena en que la barriada se adentra en la casa de la Serafina, prendida a la máquina de coser, su segunda pasión después del marido, para anunciarle que el hombre que noche a noche apaga en sus senos la rosa tatuada que lleva en el pecho ha muerto, vale lo que se dice un congo a nivel de jerga callejera o un potosí. Como una troyana la Magnani presiente, intuye, se va moviendo, hace arabescos con los brazos, masculla interjecciones y cuando la gente espera un grito efectista, de recurso facilista, se desmaya por lo grande, es demasiado el dolor que le han causado dentro para exteriorizarlo tan ridículamente. Una italiana de ley no se vale de esos recursos tan baratos. Que una buena peluquera me desordene las greñas con gusto, no necesito más. Tampoco el público necesitó más. Por esa sola escena *La rosa tatuada* se puede ver siempre. Y la Magnani ni se diga. Dos veces más incursionó en el cine americano. En *Wild Is the Wind* (George Cukor, 1957) es otra vez nominada al Oscar. Y en la última, *The Fugitive Kind* (Sidney Lumet, 1959), hizo pedazos a Marlon Brando, no lo dejó avanzar un primer plano de más.

8. *Love Me or Leave Me* (Charles Vidor) James Cagney, Doris Day, Cameron Mitchell

Ámame o déjame es una extravagancia bastante fiel de la vida de Ruth Etting, una genial cantante de los años veinte que llegó a los Follies de Ziegfeld en 1927 y luego a Hollywood donde realizó muchos cortometrajes y tres de larga duración, de ellos *Roman Scandals* (Frank Tuttle, 1933) es el que ha perdurado. Gracias, por cierto, a su marido Martin Snyder, un gángster conocido como el cojo Moe. James Cagney sugirió por encima de la seleccionada Ava Gardner que llamaran a Doris Day para el papel. La Day estaba considerada hasta ese momento una rubia pollito bobalicona de la Warner Brothers, no importa sus esfuerzos en *Young Man with a Horn* (Michael Curtiz, 1950) y *Storm Warning* (Stuart Heisler, 1951). En *Love Me or Leave Me* la Day lo da todo como actriz y cantante. Doris

Day adoraba el talento de Cagney y nunca consideró suficiente su agradecimiento hacia tamaño gesto de llamarla a trabajar junto a él. El único error del film es tratar de dar una imagen beatificada de Ruth, que nunca se da cuenta o no se cuestiona qué cosa es un gángster ni las mañas nada graciosas que estos tipos se mandan. Como que también parece que no sufrió los embates del alcohol y las drogas igual que tantas, Helen Morgan, Lillian Roth, Jeanne Eagels. Pero Ruth tiene que crear un pathos en su biografía y se enamora hasta las tablas de Myrl Alderman/Cameron Mitchell, su pianista diez años menor que ella y provoca la destrucción de su carrera en 1938 cuando el cojo maleante le dispara. Así pasaron los hechos en la vida real, con un *happy ending*, aunque América no vio con buenos ojos el show periodístico que se formó alrededor del juicio y perdió su amor por Ruth. Destruida su carrera, Ruth se casó con el verdadero Myrl y vivieron muy felices el resto de sus días. En 1999 su versión de *Ten Cents a Dance* y en el 2005 la de *Love Me or Leave Me* fueron alistadas en el Hall de la Fama de los Grammy. En las multitudinarias versiones de *Love Me or Leave Me* señalamos a algunos intérpretes que la incluyeron en su repertorio: Bing Crosby, Frank Sinatra, Lena Horne, Sammy Davis Jr., Ella Fitzgerald, Perry Como, Sarah Vaughan, Billie Holiday, Olivia Newton-John, Guy Lombardo y su orquesta, Benny Goodman, solo de Miles Davis y tres de las mejores, Nina Simone, Harry Connick Jr. y el estilo sultry de Frances Langford. Lo verdaderamente sorprendente de la película *Love Me or Leave* Me es la actuación de Cagney, nominado al Oscar. Con el leitmotiv de que es un cojo coreografía hasta el menor de sus pasos al caminar como reafirmando que si de buenos bailarines se habla, él aparece entre los primeros. Todo lo repugnante de su papel se desdobla en pura magia danzaria.

9. *Love is a Many-Splendored Thing* (Henry King) Jennifer Jones, William Holden

El tema musical cantado por Nat King Cole le dio la vuelta al mundo. Se hizo imprescindible en muchas voces importantes, Frank Sinatra, Gordon MacRae, The Four Aces, The Four Lads, Andy Williams, Connie Francis, hasta José Carreras. En instrumental, Ray Conniff, Henry Mancini, Roger Williams, Vincent Lopez y su orquesta y un sin fin hasta la tapa al pomo con Liberace. Esta historia de amor entre un tonto americano que se cree listo y una eurasiana dispuesta a conseguirlo en su tontería no es muy original en lo que cuenta, pero lo cuenta tan bien que el público aplaude, las mujeres se descomponen un poquito. *Love is a Many-Splendored Thing* es una de esas películas que los hombres evaden comentar por aquello de evitar caer en el territorio de las sospechas. Pero cita obligada es la escena en la playa con Holden en short y la Jones en trusa, una de las diez más provocativas donde ocupando el primer lugar está la de Burt Lancaster y Deborah Kerr en *From Here to Eternity* (Fred Zinnemann, 1953). William Holden semi de rodillas, agarrando fuertemente los dos hombros de Jennifer para que ni se le ocurra evitarlo con el beso que está decidido a darle, con el pie afincado en la arena mostrando el atributo de un sólido tobillo, es para aquellos que no quieran que se les escape unas cuantas plumas, técnica y profesionalmente perfecta. Las costureras de mi pueblo la vieron más de una vez por otros intereses, los modelitos estilo chino diseñados para la protagonista, un aire oriental con tendencias occidentales que no hubo mujer que no se pusiera uno así, en la llamada línea H. Hay películas que en la escala de la popularidad funcionarán siempre simplemente por el título. Y esta es un buen ejemplo. Si renuentes estamos a hablar de política, pero sí de algo divertido, sano y de agrado colectivo, *Love is a Many-Splendored Thing* tiene tela por donde cortar. No me canso de repetir que hablar de cine es salud de la buena, descongestiona los pulmones, la montaña mágica del hombre común que desde niño aprendió a disfrutar el séptimo arte a veces no se sabe si para bien o para asustarnos.

10. *The Man with the Golden Arm* (Otto Preminger) Frank Sinatra, Kim Novak, Eleanor Parker

El quinquenio de Preminger, todo lo que tocaba lo convertía en oro, hasta el brazo de Sinatra aunque fuera cargándolo de heroína. Vuelve Saul Bass a responsabilizarse con los créditos y este no es que sea solo uno de sus preferidos, sino uno de los más llamativos en la historia del cine. El poster de la película, confeccionado a partir de estos créditos, ocupa el lugar número 14 entre los 25 mejores hasta el momento y difícil que baje de lugar, mejor es ampliar la lista para las que vengan después. La música de Elmer Bernstein juega un papel similar al de los créditos, ambos se funden. Y Sinatra está bien hacia el final, en la claustrofóbica escena en que lo encierra la Novak para que se descongestione de la droga. Con mucha disciplina acudió Frank a esos sitios para estudiar y saborear detenidamente el proceso de desintoxicación de los adictos. Tema que ocasionó dificultades en obtener el permiso de proyección. Costó trabajo que la certificaran, pero abrió puertas. Luego aparecieran *Monkey on my Back* (André de Toth, 1957) y *A Hatful of Rain* (Fred Zinnemann, 1957) y otros temas tabúes además del uso de drogas, secuestros, abortos y prostitución tratados bien abiertamente, sin remilgos. Salvo los méritos del tema elegido, los créditos de Saul Bass y la música de Bernstein que siguen manteniéndose, *El hombre del brazo de oro* se resiente del cartón de utilería, de haber sido filmada completamente en estudios donde a gritos se pedía cámara en mano irse a los exteriores durante las escenas de calle en Chicago.

Omisiones imperdonables y sin motivos aparentes:

1. *Rebel Without a Cause* (Nicholas Ray) James Dean, Natalie Wood, Sal Mineo

Dejar fuera esta película dentro del año 1955 es una maldad premeditada. *Rebel Without a Cause* es superior en lo que respecta a James Dean, a *East of Eden*. Todo el tiempo. Porque su tema sigue siendo actual, porque la generación que se recrea es el germen del movimiento hippie y la cantidad de sublecturas que este film origina la siguen manteniendo fresca, lozana como una chica pubescente. Nicholas Ray lo dirigió con esmerado encanto, el mismo que le provocaba trabajar con muchachos jóvenes, parte de su ambivalencia genética. Una sola escena en la memoria para ilustrar el debate: la de la escalera en que Dean se enfrenta a Jim Backus, el padre y Ann Doran de por medio, ver cómo a ella le habla la expresión del rostro, qué catástrofe, un marido que no sirve y un hijo que acabo de perder. Si al menos tuviéramos la suerte de una guerra para que este muchacho se enlistara a ver si lo enderezan, o lo matan y me lo devuelven héroe, el pecho lleno de medallas. ¿Y el marido que se queda en casa? Ese hace rato no tiene nada que decirme y no soy la única; asómense a las otras casas de la vecindad, hurguen en el desatre al que se dirige la familia americana.

Nota: Debut de Dennis Hooper, otro actor de intensa personalidad.

2. *Picnic* (Joshua Logan) William Holden, Kim Novak

La última carta de la baraja americana es ser bella y haber nacido en un pueblo del medio oeste. Y lo último de un chico americano que sólo vive de su físico es no querer reconocer que cuando los años entran, como un tornado, barren con esa belleza, la sustituyen por pellejos colgantes. Entonces, como el chico pretendía vivir del físico, se creía un cheche, acabará pidiendo ayuda a la Asistencia Social, aplicar para un *welfare*. El elenco completo de *Picnic*, contando con Rosalind Russell, Susan Strasberg, Arthur O'Connell, Betty Field, Verna Felton, se desvive por lucir, pero vigilar de cerca al novato Cliff Robertson, dijeron los críticos, es nerviosito y no le tiene miedo a la cámara y llegó hasta el Oscar por *Charly* (Ralph Nelson, 1968) por encima de Alan Arkin, Alan Bates, Ron Moody y Peter O'Toole que estaban dentro de la competencia.

3. *Bad Day at Black Rock* (John Sturges) Spencer Tracy, Robert Ryan, Anne Francis, Dean Jagger, Walter Brennan

El que nunca vio esta película en el cine que corra a Nueva York a verla en el Lincoln Center, en Film Forum del Greenwich Village o en la sala de proyecciones del MOMA si se les ocurre programarla, que cosas parecidas acostumbran a hacer esos inteligentes viciosos del cine. El inicio con la entrada de un tren a todo CinemaScope que viene hacia arriba del público no es cosa de pantalla de televisión aunque tenga la gratitud del plasma o del *high-definition* de un Blu-ray. Todo lo que ocurre aquí es muy simple, muy elemental, con diálogos extremadamente trillados, pero en una ascendente velocidad hacia el desenlace igual a los kilómetros que recorría el tren por hora. Ni por un momento nadie da una nota falsa en la partitura. De moderato a fuga atravesando andantes ligeros, saludos encomiosos a dos pequeñas intervenciones que luego se abrieron camino hacia el Oscar: Ernest Borgnine y Lee Marvin. Intento encomiable de John Ericson por destacarse como el dubitativo chico en la cuerda floja del bien y el mal. Spencer Tracy y Robert Ryan con estilos diferentes, entre los grandes. Lo que este par de demonios ha hecho es oficio de ladrones finos, con manos de seda como Raffles, se llevan al público en los bolsillos en un abrir y cerrar de ojos. Y eso que a Tracy aquí le falta medio brazo en esta conspiración de silencio.

Postdata: A pesar de que Susan Hayward, Eleanor Parker y Katharine Hepburn fueron nominadas al Oscar por *I'll Cry Tomorrow* (Daniel Mann), *Interrupted Melody* (Curtis Bernhardt) y *Summertime* (David Lean) respectivamente, estas cintas no aparecieron en la lista de notables. Algo parecido ocurrió con *To Catch a Thief* (Alfred Hitchcock) y *Blackboard Jungle* (Richard Brooks). El olvido que nos pesa con los años.

Las películas más sobresalientes de
1956

1. *The King and I* (Walter Lang) Yul Brynner, Deborah Kerr, Rita Moreno

Alrededor del 1860 una viuda inglesa, Anna Leonowens, marchó a Siam con su vástago para educar a los múltiples hijos y a las múltiples esposas del rey Mongkut. Siam es hoy día Tailandia y jamás ha querido dar veracidad a lo que Margaret Landon escribió con el título de *Anna and the King of Siam*. En 1946 el director John Cromwell llevó la historia al cine con el mismo título del libro y las sobresalientes actuaciones de Rex Harrison, Irene Dunne, Linda Darnell, Lee J. Cobb y Gale Sondergaard. A Rodgers y Hammerstein II se les ocurrió musicalizar la obra y la convirtieron en una carta de triunfo, *The King and I/El rey y yo*. Como el rey Mongkut, un actor llamado Yul Brynner, que se afeitó la cabeza para su interpretación, descubrió que ahí radicaba su personalidad y comenzó a explotar el coco pelado. Durante toda su vida Yul Brynner acumuló más de 4,000 representaciones teatrales, no hubo otro que lo superara en su papel del rey. Y por supuesto, la 20th Century Fox lo contrató para la filmación. Su compañera de tablas, Gertrude Lawrence, declarada con cáncer y fallecida al poco tiempo, no llegó a realizar ese sueño. Yul Brynner pidió entonces a Deborah Kerr y la selección fue perfecta, aunque la Kerr no pudo quitarse de encima la actuación de Irene Dunne en la versión de 1946, a veces ambas se confundían, ¿quién es quién? ¿Es Deborah Kerr o sigue siendo la Dunne colorizada? A última hora, tratando de evitar nuevas comparaciones, se decidieron con mucha suerte por Rita Moreno en el papel que Linda Darnell había hecho en la versión sin canciones ni bailes, un personaje que tiñe con sangre este musical que se convierte en drama y al simpático Yul Brynner en un tirano implacable. Walter Lang alcanza en *El rey y yo* dos momentos cumbres, que son dos momentos musicales. El *Shall We Dance?* entre Deborah Kerr enseñando y Yul Brynner tratando de aprender a bailar y la coreografía del ballet *La cabaña del tío Tom* al estilo siamés. Dos piezas obligadas de referencia en el trabajo de Jerome Robbins como coreógrafo. *El Rey y yo* obtuvo cinco Oscar, entre ellos uno para Yul Brynner como actor principal bien aplaudido y otro para Irene Sharaff por diseño de vestuario en película en colores, igualmente bien aplaudido. El resto de los méritos va para la cantilena del rey cada vez que se encuentra en apuros, *etcétera... etcétera ... etcétera...* sinónimo de que cualquier cita a favor de él es aceptada, en su contra el repudio furibundo, como se lo tienen impuesto en Tailandia a esta obra que nunca verán sus nativos en ninguna de sus versiones cinematográficas, ni siquiera el musical, por muy fantástica música que derrame por el escenario con desfile de elefantes forrados de piedras preciosas.

2. *Baby Doll* (Elia Kazan) Karl Malden, Carroll Baker, Eli Wallach, Mildred Dunnock

Fueron tantos los insultos que recibió esta película durante su estreno que cuando el público tuvo acceso a ella no pudo aguantar la risa, tanto escándalo por gente tan fea, salvo la Carroll Baker esa. Que la Liga de la Decencia Católica la boicoteara en los cines donde se estrenaba no era nada grave, ni sorprendente. Como siempre, la jerarquía eclesiástica con el pretexto de hacerse un juicio la había visto y disfrutado en privado. Pero que Suecia la prohibiera en su territorio por exceso de sexualidad, inexplicable, contraproducente. Y que *Time* la calificara como la película americana más sucia que legalmente se hubiera exhibido es que se había olvidado de aquellas perversidades de los años 30, que sí asustaron de verdad al senador Hays y les impuso un severo código para acabar con el desliz, lo soez y el libertinaje de conductas licenciosas y libidinosas según su criterio. Un cine que desapareció de la noche a la mañana y que gracias al DVD está siendo rescatado con el nombre de *Forbideen Hollywood*, qué maravilla el reencuentro con aquellas ingenuas frivolidades. *Baby Doll* es letárgica. Ni con buena voluntad resiste una segunda vuelta, mucha palabrería, caldo sin sustancia. Carroll Baker, la gran promesa, se quedó con la imagen de la niña-mujer chupándose el dedo. A Eli Wallach, el debut le sirvió para abrirse carrera, de villano, de maleante, nunca de galán. Karl Malden aquí está desesperante. La maravillosa es Mildred Dunnock como la tía, la que verdaderamente estaba en la onda de los personajes alucinados de Tennessee Williams, cocinando verduras a las cuales nunca le encendía la candela y esperando por milagros de la irrealidad suspendidos en el aire como al autor del tranvía le gustaba dibujar a sus secundarios. Lo único milagroso que ocurrió con esta película es la batica de dormir que le diseñaron a Carroll Baker y que se merecía el Oscar. Desde ese momento mismo se conoce internacionalmente en el mundo de la moda como *"babydoll"*. Mejor homenaje no pudo haber recibido una ropa cuyo largo no llega a enseñar nada pero si sugerir lo cerca que se está de la fruta prohibida, más si la que la lleva puesto extiende los brazos para emitir un bostezo, yo creo que lo mejor es irnos a dormir, ¿no se me ve el sueño que tengo?

Post Data: En la isla de Cuba, el *babydoll* es conocido con el sugestivo nombre de "bobito".

3. *Around the World in 80 Days* (Michael Anderson) David Niven, Cantinflas, Shirley MacLaine, Robert Newton

La novela del francés Julio Verne, *La vuelta al mundo en ochenta días* es, como su nombre lo indica, un espectáculo de aventuras. Su personaje principal, Phileas Fogg, un noble inglés victoriano hasta la médula, hace la apuesta de que esa meta puede ser cumplida y sale con su valet Passepartout a corroborarlo personalmente. Quien quiera llevarla al cine, si no tiene idea del espectáculo que acarrea la trama, puede estar filmando sobre aguas pantanosas. Michael Todd, su productor, conocía bien de espectáculos de Broadway donde se había desenvuelto a sus anchas. Interesado por invertir en el cine había participado en el lanzamiento de un nuevo sistema de proyección, *This is Cinerama*. Ahora, al crear la Mike Todd Company, en asociación con Kevin McClory y William Cameron Menzies así como el innovador sistema Todd-AO de 70 mm, la novela de Julio Verne encontraría el ambiente y esa espectacularidad que la caracterizaba. A un irrisorio costo de seis millones de dólares las tres horas de duración del film (nuevas ediciones le añaden algunos minutos de corte que sufrió el original) recaudó 16 millones durante su exhibición. Para despertar la curiosidad y la motivación de verla, Mike Todd invitó a más de 45 actores para deliciosos cameos (el público tomó como un entretenido juego descubrir las apariciones con ah... oh... uh...). Entre las celebridades que respondieron estaban Charles Boyer, Joe E. Brown, Martine Carol, Fernandel, John Carradine, Marlene Dietrich, Frank Sinatra, Buster Keaton, Red Skelton, Cesar Romero, Gilbert Roland, Evelyn Keyes, Peter Lorre, Victor McLaglen, John Gielgud así como el torero Luis Miguel Dominguín y el bailarín José Greco. *Around the World in 80 Days* recibió el Oscar a la mejor película del año 1956 y la mejor partitura musical para Victor Young. La canción *Around the World* fue excluida de las nominaciones, pero como dijo un amigo mío, ríete que "toda Cuba la cantó", sinónimo de "el mundo entero". Los créditos, creados en una secuencia animada con duración de siete minutos por Saul Bass, se dejaron para el final de la película, primera vez que nadie se paraba de la luneta después del FIN. Hoy día una práctica habitual con la desobediencia del público que se para y sale corriendo de la sala sin leerlos. Si alguna crítica en contra recibió este espectáculo fue el de algunos estúpidos que se preguntaron el por qué el valet Passepartout, de origen francés, había sido adjudicado a alguien de origen hispano, cosa que les molestaba bastante a falta de no poderle encontrar otras objeciones al film. Tan sencillo como que le dio la gana a Mike Todd y este confiaba ciegamente en el actor al cual le había echado el ojo, al mexicano Mario Moreno, "Cantinflas", adorado en toda América Latina. Cantinflas, sin traicionar al personaje que siempre representó en su tierra, logra darle a *La vuelta al mundo en 80 días* la fuerza que necesitaba para echar a andar y el alma, el pecho, los pulmones que necesitaba para respirar. Sin Cantinflas, su señor Phileas Fogg jamás hubiera podido ganar la apuesta hecha a sus colegas del Reform Club.

4. *Lust for Life* (Vincente Minnelli) Kirk Douglas, Anthony Quinn, James Donald, Everett Sloane

Vincente Minnelli se apoyó en la novela de Irving Stone, *Lust for Life*, para realizar una película sobre el atormentado Vincent Van Gogh. A su vez, Irving Stone se apoyó en la correspondencia entre los dos hermanos, Vincent y Theo, para su abierta biografía (entiéndase inexactitudes). Los estudios de la MGM, bajo los cuales se realizó el film, le impuso a Minnelli dos condiciones: Tiene que ser en CinemaScope y olvídate del Technicolor. Queremos las transparencias que da el Metrocolor, *I'm sorry, little pigeon*. Con visión de mercado, para irse ganando al público, realizaron el previo documental *Van Gogh: Darkness into Light* donde como propaganda se mostraban las localizaciones europeas usadas en la filmación, con múltiples entrevistas recogiendo las opiniones más diversas sobre Vincent y el interés que podría motivar a la gente ver recreada en un film la vida del hombre que se cortó una oreja y le dejó al mundo cuadros con cielos revueltos en forma de espirales, la locura misma, a los que llamó noches estrelladas, mejor quizás, noches reventadas. Alrededor de 200 obras del pintor en manos de colecciones privadas fueron prestadas para mostrarse brevemente. Muchos museos también colaboraron. Se contó con la asistencia sin crédito de George Cukor para algunas escenas. Y hasta Minnelli recurrió a pintar de amarillo, usando spray, el campo donde Van Gogh se suicida. Anthony Quinn participó como Paul Gauguin en una actuación de ocho minutos que le valió su segundo Oscar secundario aunque para muchos la actuación fue de 23 minutos y 4 segundos, detalle que solo se comprueba volviendo a ver la película con un cronómetro. Kirk Douglas fue física y actoralmente Vincent Van Gogh y él mismo se daba por seguro ganador del Oscar que perdió frente a su oponente más fuerte, Yul Brynner. Kirk Douglas nunca superó la injusta decisión y se quedó con el sabor amargo del perdedor, se le revolvió la vida de forma definitiva según sus propias confesiones en la autobiografía *El hijo del trapero*. Dicen que sus tendencias abiertamente izquierdistas influyeron demasiado en los miembros de una Academia de Arte bastante conservadora por entonces. Sin embargo, ese mismo año Dalton Trumbo, uno de los diez de Hollywood marginado por el macartismo, recibió bajo el seudónimo de Robert Rich el Oscar a mejor historia original por *The Brave One* (Irving Rapper) y la confusión fue máxima. Nadie reclamó la estatuilla de Trumbo hasta 1975 en que la cacería de artistas por cuestiones políticas había sido echada a un lado. En 1996, Kirk Douglas recibió de manos de su hijo Michael un Oscar honorario por su reconocida labor en el cine, varias veces lo nominaron, siempre lo ignoraron. Para muchos no fue tal noche de reconocimiento, sino de ofensa y humillación. Hay premios que no deben aceptarse dependiendo de donde vienen. Kirk Douglas no debió haber hecho acto de presencia. La Academia nunca simpatizó con Kirk Douglas y con Van Gogh, ni hablar.

5. *Bus Stop* (Joshua Logan) Marilyn Monroe, Don Murray, Arthur O'Connell

La loca no era tan loca y de boba no tenía un pelo. En su avatar nunca había sido santa. Con *Bus Stop* la Marilyn Monroe le da una bofetada sin manos a aquellos que no creyeron que podría actuar. *Bus Stop*, con libreto de George Axelrod y William Inge, es un engendro de dos obras de teatro de Inge: *People in the Wind* y *Bus Stop*. Si Tennessee

Williams es el autor del Sur, de las tergiversaciones sexuales acarameladas con diálogos poéticos; si Arthur Miller es el exponente de lo social urbano, el hombre apresado en la red de un exacerbado y caricaturesco capitalismo devorador de seres humanos; William Inge cierra la triada como el ambientalista, el exponente de los problemas de una población pueblerina y rural, más cerca de la realidad que los dos anteriores, más lejos de la fama que ambos. *Bus Stop* es comedia con olor a tierra y a vacas y fue rodada en Idaho y Arizona; hay además coristas fleteras y cowboys de rodeos. Don Murray, en la cúspide, trabajador incansable, le imprime tal simpatía a su inocentón vaquero que siendo la contrapartida de Marilyn nadie se explica cómo la Academia se las arregló para buscarle una nominación al Oscar de secundario. La Academia sabía perfectamente que él no llevaba carta en la lista de los principales, pero quería darle un reconocimiento. Con ese punto de vista el público aplaudió la iniciativa porque Don Murray prometía. Y prometió la vida entera, cada vez que le daban un papel, aunque nunca fue tildado de grande, no recibió la atención que se merecía. De la Marilyn, los resultados se conocen de sobra, un emblema a nivel mundial. Muy pocos rostros en el cine lograron una química perfecta con el lente, se enajenaban uno frente al otro. Se pueden hojear las miles de fotos que le sacaron en vida y resulta inexplicable, ¿cuál era su misterio? En *Bus Stop,* el director Joshua Logan la pone a cantar una sola canción, *That Old Black Magic,* suficiente, porque ella podía hacerlo y la fuerza a caminar por el terreno de la comedia, no de astracanadas, sino sentimental. Ella es Chérie, una chica simple de escaso cacumen. Y ese rostro acepta los *close-ups* con una sinceridad tan convincente que surge la pregunta, ¿por qué siguen maltratándola? ¿Por qué dicen que no sabe actuar si aquí está maravillosa? Ella pretendió ir más lejos, ser una actriz dramática, con *Los hermanos Karamazov* debajo del brazo. Ella llegó más lejos que eso, le cantó el *Happy*

Birthday a John F. Kennedy, presidente de los Estados Unidos. Los dos romancearon un tiempo, luego él se la pasó a su hermano Robert. Por último, el cuñado Peter Lawford pretendió coger una tajada, estuvo en su apartamento horas antes del suicidio. Algunos dijeron después que Lawford temía que Marilyn hiciera pública su homosexualidad bien protegida. Cansada de los ajetreos de esa familia depravada, desapareció de la vida un 5 de agosto de 1962. Y surgió con genuina aura, se hizo objeto imprescindible de la cultura universal. Hoy día buscan sus películas para reírse, para burlarse, pero cuando llegan a *Bus Stop* se quedan mudos, qué buena comediante era esta puñetera mujer.

6. *Friendly Persuasion* (William Wyler) Gary Cooper, Dorothy McGuire, Anthony Perkins, Marjorie Main

En el cine, cuando aparecen los cuáqueros o los amish hay violencia, porque estas sectas religiosas son enemigas de esas manifestaciones inexplicables en el ser humano y hasta de la sociedad que la lleva implícita. La mano de Dios no puede contenerse, los pone a prueba, y aquí es cuando se desencadena el conflicto. Gary Cooper es un cuáquero que junto a su hijo Anthony Perkins (una merecida nominación al Oscar secundario, asombra su ingenuidad de campesino cristiano) deben echar a un lado la moral religiosa e irse a la guerra y matar para defender a la Unión durante la Guerra de Secesión. Ningún trabajo le costó a Cooper impregnarle calidad humana a su personaje porque en 1940, con otro bastante semejante, se había ganado su primer Oscar. Recordar como el campesino pacifista Cooper se convierte en héroe de la Primera Guerra Mundial en *Sergeant York* (Howard Hawks). La esposa del cuáquero es Dorothy McGuire, un mito sin explicación de la pantalla americana desde su debut en *Claudia* (Edmund Goulding, 1943). Con una minúscula lista de películas significantes los críticos la elevaron al rango de superestrella, apareciera en lo que fuera, no importa si lleva por nombre *Make Haste to Live* (William A. Seiter, 1954). De la mano de Wyler y con el señor Cooper de marido, necesariamente estaba bien, sin discusión. No se puede negar que Dorothy McGuire llevaba en el rostro todas las motivaciones de la mujer americana, desde el fanatismo religioso en la parte más sureña de Indiana donde esta película ocurre, hasta la frívola secretaria a punto de quedarse soltera que viaja a Italia en un último esfuerzo por evitarlo en *Three Coins on the Fountain* (Jean Negulesco, 1954). Pat Boone se encarga de la melodía de los créditos, *Friendly Persuasion* (también titulada *Thee I Love*); mientras que Michael Wilson, su guionista, volvió a verse expurgado por comunista y no fue hasta 1996 que lo reincorporaron en los créditos. El nudo de la película consiste en forzar a cada miembro de la familia a cuestionar si es correcto o no para un cristiano abrazar la violencia. Darle la espalda a la religión es darme la espalda a mí, le dice Eliza a su hijo Josh/Anthony Perkins. No es lo que la religión diga lo que uno debo hacer, le responde Cooper, sino lo que la conciencia pida para quedar bien con ella. Como consecuencia, esta película fue acusada de belicista. Gary Cooper jamás se interesó por verla terminada, de sentía molesto con Dorothy McGuire a quien le llamó actriz insignificante, carente de diablo o ángel y nunca le habló fuera de foco. Pretendió que su hija se fijara en Perkins, que en la película era su hijo, es un tremendo cuáquero, pero cuando le dijeron que era un tremendo gay también le negó el habla. Más no nos dejemos guiar por la difamación. *Friendly Persuasion* fue una película adorada por Ronald Reagan, a tal punto que le regaló a Gorbachov un VHS de la misma. Quien no la entienda que recuerde aquella canción del argentino León Gieco y se aconseje, que la guerra no me sea indiferente porque es un monstruo grande y pisa fuerte toda la humilde inocencia de la gente.

7. *The Ten Commandments* (Cecil B. DeMille) Charlton Heston, Yul Brynner, Anne Baxter, Edward G. Robinson, John Derek, Yvonne de Carlo, Debra Paget, Nina Foch, Cedric Hardwicke, Judith Anderson, Martha Scott, Vincent Price, John Carradine

La última película que filmó Cecil B. DeMille y un *remake* ampliado de su versión silente de 1923. Con casi cuatro horas de duración esta es una de las películas más taquilleras de todos los tiempos. Criticada por ciertas incoherencias históricas, lo cierto es que DeMille no actuó a ciegas, se asesoró con muchas entidades religiosas, incluyendo la Iglesia de Jesucristo de los Santos de los Últimos Días (mormones) así como lecturas del Corán. Es un film destinado a entretener con cierto gusto por la aventura, sin perder de vista el darle autenticidad a los hechos. DeMille le compró a la 20th Century Fox los escenarios de *The Egyptian* (Michael Curtiz, 1954), le parecieron idóneos. No quiso contratar a ningún actor que hubiera participado en la misma. Se limitó a exponer cuatro de las diez plagas que azotaron a Egipto por no caer en la comicidad de los efectos especiales con las otras, como las de las ranas y las langostas. Y guardó bien en secreto la resolución de como Moisés conduciendo al pueblo hebreo a la tierra prometida se abre paso a través del Mar Rojo. Dentro del género bíblico-épico ocupa el lugar número 10 y nunca ha salido de los canales de televisión. Una de las películas que más recaudaciones ha tenido y sigue teniendo. Generación tras generación, año tras año, se puede disfrutar en Domingo de Ramos, o en Pascua de Resurrección o en la Pascua hebrea. Para muchos Moisés es Charlton Heston, que es una copia del Moisés de Miguel Ángel y Yul Brynner el faraón. Es precisamente Yul Brynner, quien en un juego de insinuaciones hacia Moisés carga de erotismo ciertas escenas del film enriqueciendo su discusión. Igual que Edward G. Robinson con su desenfrenada pasión de viejo libidinoso hacia Debra

Paget. Sin olvidarse de John Derek interpretando a Josué con el pecho al aire y el acoso visual de Vincent Price hacia él. Cecil B. DeMille no fue un fervoroso puritano en lo que a contar una historia de tema bíblico se refiere. La Biblia, uno de sus libros favoritos, le había proporcionado versículos muy sospechosos de franca lisonjearía, comenzando por las hojas de parra de Adán y Eva, el despelote que se armó en Sodoma y Gomorra, David quitándole la esposa a su mejor amigo, Sansón alucinado con las uvas que le ofrecía Dalila y tantas situaciones de pura excitación que para eso está Dios poniéndonos a prueba. En 1932, DeMille filmó *The Sign of the Cross* con Claudette Colbert como Popea y los senos de la actriz salían a flote dentro de una bañera llena de leche de cabra o de burra. Es que algo le vio el faraón a Moisés que lo traía loco. No hay que olvidar que esa dinastía era muy promiscua dentro de ellos mismos, donde hermanos y hermanas se casaban, lo que provocó degeneración genética en sus piernas que crecían más de lo normal en relación al resto del cuerpo. Entonces, concluyendo, dijo mi hermana que escuchaba atenta la conversación, Yul Brynner estaba en su derecho ya que al niño que recogieron en las aguas lo criaron como a su hermano. Sí, pero por suerte Moisés tenía una fe de hierro y no se dejó intimar. Tanta filosofía en una película de entretenimiento, no te lo voy a creer. Tan fácil que es decir que Yul Brynner, como actor, a veces mostraba sus inclinaciones. Yo nunca vi a un hombre de su talla tan descaradamente exhibicionista como en las fotos que le sacó George Platt Lynes. De su talla no, de aquella época quizás porque hoy todos se encueran, búscalos en la Internet. ¿Y qué tiene que ver esto con la película *Los diez mandamientos*? No codiciarás la casa de tu prójimo, no codiciarás la mujer de tu prójimo, ni su siervo, ni su criado, ni su buey, ni su asno, ni cosa alguna que le cuelgue.

8. *Giant* (George Stevens) Rock Hudson, Elizabeth Taylor, James Dean, Mercedes McCambridge

Contar la historia de Texas desde sus comienzos con ganado hasta los pozos de petróleo es una saga. Y así la concibió Edna Ferber en su novela *Gigante*, base de inspiración para la película con el mismo título y vehículo para que sus actores principales se cuajaran como estrellas de peso. La Ferber, que escribió casi más de 100 novelas, no paraba, ni en las horas de almuerzo cuando diariamente frecuentaba la mesa redonda del Hotel Algonquin en Nueva York junto a Dorothy Parker y la *crème de la crème* de la intelectualidad de aquellos tiempos. La fórmula que empleaba en sus escritos jamás le falló. Casi siempre unos de sus personajes arrancaba de la pobreza y lograba, por causa fortuita y desarrollo ascendente de la nación americana, hacerse millonario. Otro de sus personajes confrontaba problemas de discriminación (casi siempre racial). Y alguna que otra mujer escondía bajo su rudeza sentimientos lesbianos. La Ferber murió feliz siéndolo. En *Giant/Gigante*, James Dean es el pobre que se hace rico, Elsa Cárdenas sufre las discriminaciones y la McCambridge detesta a los hombres, los trata como si perteneciera al bando, pero se enternece con James Dean como si fuera su madre, le deja al morir un pedazo de tierra inservible cubierta de un lodo negro. Estas historias de familias que siempre abarcan más de 30 años han cundido al cine desde sus comienzos. Las hay de todo tipo, como *Cimarron* (Wesley Ruggles, 1931) también inspirado en una novela de la Ferber; las de Greer Garson: *Blossoms in the Dust* (Mervyn LeRoy, 1941), *Mrs. Parkington* (Tay Garnett, 1944), *The Valley of Decision* (Tay Garnett, 1945) o la de Orson Welles, *The Magnificent Ambersons* (1942). *Gigante* fue la tercera y última película de Dean, con nominación póstuma al Oscar por una actuación muy desigual. El Jett Rink adulto que tiene que interpretar James Dean en la escena clave del discurso durante el banquete no convence y Nick Adams tuvo que doblarle la voz. Sin embargo, su muerte prematura lo convirtió junto a Marilyn Monroe en otro ícono. Hay quienes se volvieron sus fanáticos con el propósito de no dejarlo caer en el olvido. Otros se volvieron sus fanáticos empedernidos arrobados por su talento. En este último grupo sobresalieron dos actores: Martin Sheen y Ann Doran, su madre en *Rebel Without a Cause* (Nicholas Ray, 1955). Como buena saga, *Giant/Gigante* está llena, además de los principales, de otras buenas intervenciones entre las que se encuentran las de Jane Whithers, Dennis Hooper, Rod Taylor, Sal Mineo, Earl Holliman, Carroll Baker, Chill Wills y Elsa Cárdenas. Edna Ferber murió en 1968 y no logró colocar otro de sus novelones en el hit parade hollywoodense, sin embargo sus familiares consiguieron que *Giant* se convirtiera en un musical de tres actos estrenándose en el 2009 con buena acogida. Después de *Giant,* George Stevens no logró subir sus estándares. El crítico de cine neoyorquino Andrew Sarris dijo de él en 1968: "Un director menor con grandes virtudes antes de *A Place in the Sun*, después un gran director con muy pequeñas virtudes".

Nota: *Giant* estuvo nominada para diez Oscar y ganó para George Stevens como Mejor Director.

9. *War and Peace* (King Vidor) Audrey Hepburn, Henry Fonda, Mel Ferrer, Vittorio Gassman, Herbert Lom, Anita Ekberg

No se le puede pedir peras al olmo y quien se haya leído *La guerra y la paz* de León Tolstói que no espere ir al cine con la complacencia de encontrar en la película los mismos detalles (tramas y subtramas) y a todos los personajes que han hecho de este libro un clásico de la literatura universal, que si decimos que suman unos 30 ó 40 títulos en realidad no son muchos. Esta *War and Peace* era la primera vez que se llevaba al cine, espectáculo en grande como las Olimpiadas, filmado en Italia con la producción a cargo de Dino De Laurentis (marido de Silvana Mangano) y Carlo Ponti (marido de Sophia Loren). La música corrió por Nino Rota. La fotografía a cargo de Jack Cardiff. Y las escenas bélicas estuvieron bajo la supervisión del director italiano Mario Soldati (*Piccolo mondo antico*, 1941; *Malombra*, 1942). La novela se centra en la decadencia de la aristocracia rusa, el planteamiento político de cómo sacar al país adelante, la invasión de Napoleón en 1812, el ejército ruso derrotado por el ejército invasor francés en la famosa batalla de Borodino que le permite a Napoleón llegar hasta Moscú, incendiada y luego sin provisiones teniendo que desistir en su conquista de Rusia. No, es mucho para un solo cartucho. *War and Peace* de King Vidor es una esencia, un halo de la narrativa y en sus 208 minutos de duración se centra en sus tres personajes principales, eliminando a muchos con verdaderas cargas sociales. Audrey Hepburn es Natasha Rostova, Henry Fonda es el conde Pierre Bezújov y Mel Ferrer el príncipe Andréi Bolkonsky. Catalogados de excelente, bien y pésimo, en el mismo orden que se mencionaron anteriormente. La Hepburn insistió que llamaran a Peter Ustinov (con parte de la sangre rusa) para el papel de Pierre, pero fue imposible; un gesto que Ustinov no cesó de agradecerle hasta después de muerta. Y a Mel Ferrer, por extraños motivos, lo encontraron mal, *as ever*. Ni como actor, ni como productor, ni como director, jamás encontró cabida en el mundillo intelectual de los críticos de cine. Algunas angostas razones se manejaron, no podían soportar, murmullo extendido, que un chico con sangre cubana fuera un *socialité* neoyorquino, ¿dónde se ha visto que esa gente tenga clase? En que parte del cuerpo no sé, pero la tienen, me dijo un amigo mío estudioso de esa raza obligada a climatizar en ambientes lejos de su lugar de origen. *La guerra y la paz* es una película cuidada en cuanto a la época, pero sin brillo porque a King Vidor los críticos tampoco quisieron reconocer como un director capaz, no importa que a su haber figuraran *The Crowd* (1928), *Stella Dallas* (1937), *Duel in the Sun* (1946) y *The Fountainhead* (1949). Entonces, quien quiera guerra y paz como la concibió Tolstói que se remita a la versión soviética de 1966, dirigida y actuada por Sergei Bondarchuk, dividida en cuatro partes para una total duración de ocho horas, la más costosa producción soviética. En su afán de ganarse la expectativa mundial, no sólo con los viajes espaciales y la conquista del cosmos, para esta película los comunistas copiaron el sistema Todd-AO de 70 mm y lo llamaron Sovscope 70. La batalla de Borodino es la más larga escena de película alguna jamás filmada, casi toma la tercera parte de las cuatro en que fue dividida la puesta. *War and Peace* de Bondarchuk conquistó el Oscar a mejor película extranjera de 1968. Si está más cerca de Tolstói, está más lejos del público. Y si la versión de Vidor es pompa y circunstancia, que recuerden aquellos incrédulos que la Natasha Rostova/Lyudmila Savelyeva de la versión soviética está calcada de Audrey Hepburn, no pudieron superarla.

10. *La Strada* (Federico Fellini) Anthony Quinn, Giulietta Massina, Richard Basehart

La primera película de Fellini que se conoce en el mundo entero por su nombre original, *La Strada*. Después vinieron *La Dolce Vita, 8 1/2 y Amarcord*. De lo que se salvaron de ser exhibidas en España con títulos tan magníficentes y perniciosos como *El viaducto* o *La carretera, La descansada vida, Ocho punto cinco, y Amargor (???)*. *La Strada* es una película sin explicación, cada cual la ve y la interpreta a su manera y parece que todos están en lo correcto. Anthony Quinn es Zampanò, una bestia de circo que compra a la turulata Gelsomina, la explota, la maltrata, llega a necesitarla demasiado tarde porque ella ha muerto de tristeza al saber que la bestia a la cual le ha puesto su corazón la deja abandonada al borde de un camino en medio de un crudo invierno. Construida como una serie de retablos que van mostrando cada uno un aspecto de la vida, y la vida tiene infinitos aspectos, la cima se alcanza cuando aparece Richard Basehart/Il Matto/el loco y le hace comprender a Gelsomina que quizás ella no tenga suficiente cerebro, pero que para algo sirve, que es un ser único y la Gelsomina hace muecas como Charles Chaplin porque se acaba de encontrar a ella misma y su amor por Zampanò, que no entiende de nada porque él también es escaso de mente y como animal celoso mata a Il Matto y Gelsomina acaba por perder lo poquito que le quedaba en la cabeza para pensar. *La Strada* es una película situada dentro del neorrealismo italiano (discutible si lo es o no lo es, otros aires estaban soplando en Roma) con los defectos del mismo (o con los defectos de un cine todavía sin pulir). Si se dijera "de corte neorrealista" se acababa la discusión, el problema quedaba en casa. En una escena está el sol golpeando, acción, corte, sigue la misma escena como si fuera de noche. Aparece Gelsomina, la cámara va enfocando otras situaciones, corte, y cuando vuelve a Gelsomina esta tiene otra ropa. Ninguna de esas dicotomías invalida la carga poética del film, son muy pocos los maledicentes, los que se ponen a señalar estas irregularidades para una de las películas más importantes en la historia del cine mundial. Ganadora del Oscar a mejor película extranjera y miles más dondequiera que se llevó a competir, *La Strada* fue recibida con brazos abiertos en Estados Unidos y Fellini, que nunca aceptó filmar fuera de Italia, cogió confianza, se desbocó de tal forma que creó un estilo, una atmósfera, una palabra. Decir "fellinesco" es decir desborde de la imaginación, desde nuestra infancia hasta cerca de la muerte en un desfile de sueños/recuerdos desorbitados donde lo único que es punible es la mediocridad. Con *La Strada* no sólo "È arrivato Zampanò," sino que "È arrivato, gracias Dios mío, Federico Fellini".

Otras que estuvieron en el candelero

1. *Written on the Wind* (Douglas Sirk) Rock Hudson, Lauren Bacall, Robert Stack, Dorothy Malone

Written on the Wind es la tercera película de Douglas Sirk que lo sitúa en el Olimpo de los privilegiados. Las otros dos habían sido: *Magnificent Obsession* (1954) y *All That Heaven Allows* (1955). En 1959 completará la cuarteta con *Imitation of Life*. Andrew Sarris tuvo que reconocer que gracias a la curiosidad de los franceses en su afán de descubrir talentos, él aprendió a valorar y a amar a Douglas Sirk. Por sí solo, él nunca lo hubiera asimilado porque lo había rechazado hasta la saciedad en *Magnificent Obsession* para luego arrepentirse por el resto de la vida, no me van a alcanzar los años que me quedan para expiar tamaña culpa. Inspirada en una novela de Robert Wilder, Sirk, que sus películas más famosas salieron de la Universal-International Pictures, convirtió a *Written on the Wind* en un exagerado melodrama, reflejando a través de los personajes de Robert Stack y Dorothy Malone, las voces cantantes del film en insuperables actuaciones, el amor de América por el dinero, el poder y sobre todo el petróleo. Ahora estoy convencido que este hombre, se dijo Sarris, parece que quiere decirnos algo. Para demostrar su tesis, recalcó como Sirk se aferraba a cuatro elementos infalibles: alcoholismo, avaricia, impotencia y ninfomanía. Y para ambientar el condumio usó el color de tal manera que cada escena es una composición pictórica de vinil. François Truffaut clamó a los cuatro vientos: Este erudito de origen alemán es el rey del melodrama con distinción, con aristocracia, al convertir la basura por medio de efectos visuales y elaborada puesta en escena en material de primera. Y aunque algunos lo situaron dentro del camp, lo cierto es que su influencia llegó hasta la televisión con las llamadas *soap operas*. Sin Sirk como modelo a seguir nunca hubieran existido *Peyton Place, Dynasty, Dallas, Falcon Crest*, hasta la reciente *Sex and the City*. La influencia de Douglas Sirk sobre muchos directores jóvenes ha sido una de las más positivas. Loas le brinda Todd Haynes, el director de *Far From Heaven* (2002). Y loas no se ha cansado de esparcir el español Pedro Almodóvar, su seguidor más aventajado. Mientras en Estados Unidos dudan y piensan qué hacemos con él, en Europa se abren cátedras para estudiar su obra. Dorothy Malone ganó el Oscar secundario en su papel de Marylee Hadley, levantó su *rating* y ayudó a fijar el nombre de Douglas Sirk en el firmamento de Hollywood. También Robert Stack se lo merecía, como premio a un aire de vergonzosa novedad, los millonarios americanos tienen problemas con el sexo, algo nuevo estamos viendo en el cine acerca de enfocar y analizar esta sociedad, pero...

2. *Anastasia (*Anatole Litvak) Ingrid Bergman, Yul Brynner, Helen Hayes

El regreso de la hija pródiga. Un día Ingrid Bergman abandonó marido e hija y se fue tras los argumentos de Roberto Rossellini. Hollywood no le perdonó a su niña mimada ese acto de "bandolerismo vaginal" como fue calificado. Sí, yo sé, admitió la Bergman, he cometido un pecado más grande que el mundo. Y durante casi siete años trató de salir adelante a la italiana, verla en la historia que su marido Rossellini (llegaron a casarse) le confeccionó en *Nosotras, las mujeres* (1953). Pero si hubo un principio, por supuesto que hubo un final y Rossellini la engañó con una hindú, la llamó caballuna por su exagerada estatura, llegaron las lluvias y con ellas los "estragos vaginales". En el ínterin, Ingrid le había parido a Rossellini su varón Roberto Ingmar Giusto Guiseppe y las gemelas Isabella e Isotta. Hollywood no desaprovechó la oportunidad de rescatar a su niña mimada y la convencieron de un regreso, exonerada de toda culpa no volvería a mencionarse el «asunto», así de abstracto. Si los comunistas de la efervescente Unión Soviética no querían soltar pruebas de lo que pasó con el Zar Nicolás y su familia; la prensa, los literatos, seguían escarbando sobre el tema. Y el tema no era otro que Anastasia, una de las hijas, se rumoraba que había sobrevivido a las balas. Hoy se sabe que todos no fueron solamente masacrados impunemente, sino que sus huesos quemados y repartidos por diferentes fosas para que a nadie se le ocurriera, por si las moscas, reclamar el poder ruso. Y el tema le venía de anillo al dedo: Anastasia/Ingrid no ha muerto, este es su regreso a Estados Unidos aunque la película se filmó en París. Y le dieron el Oscar porque el director de la película, el ucraniano Anatole Litvak, sabía cocinar esos temas con los ojos cerrados y darle a sus actrices un tratamiento muy especial, la mayoría salía nominada. La exquisitez le llegó a Danielle Darrieux en *Mayerling (*1936), a Miriam Hopkins en *The Woman I Love* (1937), Claudette Colbert en *Tovarich* (1937), Bette Davis en *All This, and Heaven Too* (1940), Barbara Stanwyck en *Sorry, Wrong Number* (1948), Olivia de Havilland en *The Snake Pit* (1948), Vivien Leigh en *The Deep Blue Sea* (1955) y por supuesto, a Ingrid Bergman y a Helen Hayes en *Anastasia.* Porque *Anastasia* cinematográficamente se apoya en los encierros de la obra de teatro de Marcelle Maurette en que se inspira, siendo la Helen Hayes la que cierra con demasiado oficio la puesta, después que la susodicha nieta, en la película parece que lo era, la gente sale convencida, desaparece con su ruso expatriado Yul Brynner. Yo les diré que la obra acabó, sentencia la Hayes, váyanse a casa. Y comienza el descenso magistral, porque ella es una emperatriz educada en las artes sociales donde cada revés, tomando el ejemplo de los bolcheviques, se disfraza de victoria. Con *Anastasia*, Ingrid Bergman inició su segunda etapa hollywoodense llena de triunfos, capacidad, madurez y el favor que del público tenía. La música del film se hizo tan popular que hasta letra se le puso y América Latina escucho con voracidad la versión en español cantada por la maravillosa chilena Monna Bell. Los años 50 se caracterizaron por esos delicatesen.

3. *The Bad Seed* (Mervyn LeRoy) Nancy Kelly, Patty McCormack, Eileen Heckart, Henry Jones, Evelyn Varden

La novela *The Bad Seed* de William March resultó controversial en su momento. Se apoyaba en la tesis de que la naturaleza prevalece sobre la naturaleza y la criminalidad se hereda. Maxwell Anderson le hizo una insuperable adaptación teatral sin concesiones. La dulce y cándida Rhoda Penmark, una niña lo más parecida a un ángel divino es una asesina en serie, instinto y confirmación fehaciente heredados de su abuela a la que nunca conoció, ni tampoco la madre, que arrebatada de las garras de esa fiera daba por sus verdaderos padres a los adoptivos. La última fechoría de Rhoda es matar a su compañero de grado por una medalla que ella creyó merecerse. Henry Jones, como el jardinero libidinoso que le insinúa a la pequeña Rhoda que él sabe lo que no debe saber se juega la vida y perece carbonizado porque la niña es toda una experta maquinando ejecuciones, que luego la conducen a relajarse con las teclas de un piano, esta vez fue mejor que la anterior parece decirse a sí misma mientras toca. Enterada la madre de todo este brete y de su terrible origen, decide envenenarse y a Rhoda, no faltaba más, que es la mala semilla. Recórcholis, Nancy Kelly, que interpretó esta obra en Broadway, noche tras noche se muere mientras Rhoda queda vivita y coleando y la gente sale del teatro espantada, mirando con recelo a cualquier afable criatura que les sonríe extendiéndole la mano, apuntándole con los dedos cruzados, vade retro niña. La MGM se interesó en filmarla y llamaron a Nancy Kelly para que volviera a morirse. La Kelly aceptó con ganas. Después de una carrera muy desigual en Hollywood, *La mala semilla* podría reivindicarla, al igual que a Eileen Heckart como la madre del niño al que Rhoda le da un taconazo, cae a un lago y muere ahogado. La Kelly no ganó y tampoco aceptó ninguna otra oferta de Hollywood, con *La mala semilla* cerró su carrera en el cine, muy por lo alto a su haber. *The Bad Seed* como película sufrió la censura del Código Hays, a esta niña hay que darle su castigo. Entonces salvan a la madre y bajo una noche tormentosa Rhoda se dirige a buscar la medalla al lago y un rayo celestial enviado por el Omnipotente la parte en dos. Pero si esa hubiera sido la solución no habría tanta queja como después de aparecer el fin, buscando una justificación, no crean nada de lo que vieron, sacan feliz a Nancy Kelly sentada en un sofá dispuesta a darle un par de inofensivas nalgadas a la monstruosa Rhoda por lo que se estimó simple majaderías infantiles. Patty McCormack/Rhoda también recibió su nominación al Oscar y se creyó con las puertas abiertas en un mundo que nunca le ofreció verdaderas posibilidades, refugiándose en la televisión hasta le vejez donde tampoco encontró esas posibilidades. En el año 2008, con 63 años de edad, Patty McCormack interpretó a Patricia Nixon en *Frost/Nixon* (Ron Howard) como interpretándose a ella misma. Eileen Heckart, también nominada al Oscar secundario lo obtuvo en 1972 por *Butterflies Are Free* (Milton Katselas). Y *The Bad Seed* está en los anales de la literatura y del cine por la introducción de un vocablo en la sociedad americana: *sociopath,* traducido al español como antisocial, una plaga de la sociedad moderna tan de moda hoy día, donde entran los asesinos como Rhoda hasta los inadaptados por quinientas razones. En 1957, Jack Kerouac publicó *On the Road* y en 1969, Dennis Hooper filmó *Easy Rider*. Dos ejemplos muy disímiles del amplio significado de antisocial.

Postdata: *The Searchers* (John Ford), un oeste fabuloso, no apareció en ninguna lista, pero el tiempo se encargó de enaltecerlo. Yo también pequé de esnobista.

Las películas más sobresalientes de
1957

1. *Sayonara* (Joshua Logan) Marlon Brando, Miiko Taka, Red Buttons, Miyoshi Umeki, Ricardo Montalbán

Historia de amor, racismo y prejuicios sociales filmada en Japón. Marlon Brando adopta un acento sureño que convence a sus seguidores y provoca rechazo en los críticos. Pero Brando sabe cómo burlarse del melodrama y ese recurso fonético es parte de su método. Joshua Logan, exasperado por sus irreverencias, acabó por admitir que estaba frente a un actor demasiado creativo y era el tono simpático que la película necesitaba para darle espacio a la verdadera tragedia del film: el matrimonio interracial de Red Buttons con la japonesa Miyoshi Umeki que acaba en un pacto suicida. Buttons y Umeki se llevaron los Oscar secundarios en una apretada contienda contra sus competidores más cercanos: el veterano Sessue Hayakawa (*The Bridge on the River Kwai*) y la novata Hope Lange (*Peyton Place*). Miyoshi Umeki, fallecida en el 2007, es la única oriental hasta el momento en haberse llevado el codiciado premio a su casa, no a la de bambú porque inmediatamente se instaló en Estados Unidos y luego terminó haciéndose ciudadana. La mujer por la cual Brando echa la baba, Miiko Taka, contra todas las suposiciones había nacido en Estados Unidos de padres japoneses y durante la Segunda Guerra Mundial fue enviada junto a su familia a uno de los diez llamados campos de concentración por peligrosidad oriental (del Oriente con ojos rasgados) creados en Estados Unidos a consecuencia del ataque a Pearl Harbor. En 1990, Alan Parker recreó uno de esos hechos verídicos en *Come See the Paradise*. Dentro del reparto elegido para *Sayonara*, Ricardo Montalbán es otro que se luce como Nakamura, un consumado actor del Kabuki que sorprende cuando se animaliza (los Kabukis aman parecerse a las fieras) durante la representación teatral dando unos griticos que ni el mismo Toshiro Mifune hubiera podido sacar adelante con un samurái en la mano arrancando cientos de cabezas. Ricardo Montalbán, mal recordado por el estereotipo de *latin lover*, fue un actor de sobrada fibra. Más de una vez se apartó de los papeles tontos y para eso quedan *Mystery Street* (Anthony Mann, 1949), *Battleground* (William Wellman, 1949), *Border Incident* (Anthony Mann, 1949), *My Man and I* (William Wellman, 1952) *y A Life in the Balance* (Harry Horner, 1955). *Sayonara*, hasta la vista, adiós, tiene momentos que la salvan de la ignominia del olvido. Baste ver a Brando casi al final enfrentar a los japoneses que lo repudian después del pacto suicida Buttons-Umeki y le lanzan a la cara la frase más desconcertante y humillante que un americano pueda escuchar fuera de su tierra: *Yanquis, go home.*

2. *The Bridge on the River Kwai* (David Lean) Alec Guinness, William Holden, Sessue Hayakawa, Jack Hawkins

Este film inglés repelido por los ingleses no gozó de popularidad en Inglaterra hasta que no lo premiaron con el Oscar a la mejor película. Es que no podían aceptar que Alec Guinness se doblegara a los japoneses y les construyera un puente aunque fuera una obra de arte. Peor aún que los otros prisioneros ingleses se prestaran a cooperar con dicha construcción, en vez de ajusticiar a Guinness como se merecía. Gracias que al final destruyen el puente antes de que pase el famoso tren cargado de hombres y de armas para acabar con toda el Asia Oriental. En la novela de Pierre Boulle en que se basa el film no se logra dinamitar el puente y el tren pasa. Hoy día poco importa el final que Pierre Boulle le puso al libro porque todos saben que Japón perdió la guerra y el imperio del sol naciente se guardó la guapería donde todos saben. Y no fueron los ingleses los que lo derrotaron, sino una bomba nuclear sobre Hiroshima y otra para rematar en Nagasaki. La acción del rio Kwai ocurre en Tailandia y ya desde los tiempos de *La gran ilusión* (Jean Renoir, 1937) la lección fue mal aprendida. El enemigo, por muy simpático, filosófico y mentalidad abierta muestre, es el enemigo, y en la posición en que se encuentra (referido al personaje de Sessue Hayakawa) es un servidor ciego del sistema que representa, igual que, volviendo a *La gran ilusión*, cuando el aristócrata alemán Erich von Stroheim le dispara y mata al aristócrata francés Pierre Fresnay tratando de escapar de la prisión. A lo Poncio Pilatos el tal von Stroheim se llena de descaro, echa una lágrima y corta una rosa. En *Three Came Home* (Jean Negulesco,1950) el mismo Hayakawa, al frente de otro campo de concentración japonés, siente admiración por los escritos de Claudette Colbert, pero aquí no se reprime sus instintos orientales ni muestra respeto hacia la mujeres. Cuando se le sube la mostaza le afloja sin preámbulos y sin escrúpulos un par de bofetadas a la Colbert. *El puente sobre el río Kwai* es la película que hizo del meticuloso David Lean, prácticamente desconocido fuera del Reino Unido o círculos de cinemateca, un director de mayorías. De nuevo en 1962 volvió a alzarse con el Oscar a la mejor película con *Lawrence of Arabia*. Y en 1965, *Dr. Zhivago* arrastró masas con el romance de Omar Shariff y Lara/Julie Christie. El tema musical de Lara se hizo tan popular como la marcha silbada del puente sobre el rio Kwai, que fue una resurrección de aquella *Colonel Bogey March* escrita en 1914. Recordar que el actor Michael Redgrave en *The Lady Vanishes* (Alfred Hitchcock, 1938) la silba en uno de los momentos culminantes. James Donald/Major Clipton, el médico sanador, cierra *The Bridge on the River Kwai* con un final que recuerda los coros griegos. En medio de la destrucción clama ante tanta muerte de ambos lados, no se sabe si a favor o en contra de lo sucedido: ¡Qué locura! ¡Qué locura! Locura mayor fue borrar de los créditos a los escritores Michael Wilson y Carl Foreman por comunistas. En 1997, la Biblioteca del Congreso de los Estados Unidos dictaminó preservar este film para las futuras generaciones por sus valores culturales, históricos y estéticos. En 1961, Carl Foreman produjo para los ingleses, con crédito a todo trapo, *The Guns of Navarone* (Lee Thompson). Los nombres de Wilson y Foreman fueron restituidos en las nuevas ediciones de *El puente sobre el río Kwai* en

DVD. Difícil que le hayan pagado compensación alguna por la ignominia.

3. *Raintree County* (Edward Dmytryk) Elizabeth Taylor, Montgomery Clift

Tres horas y siete minutos tratando de superar en vano a *Gone With the Wind* (Victor Fleming, 1938). Aunque Elizabeth Taylor recibió su primera nominación al Oscar, son los actores secundarios los que mantienen al espectador sobre la luneta, cansados de mover el fondillo de un lado a otro o levantar un pie y sentarse sobre él, cuándo se acabará este engendro. Agnes Moorehead, Nigel Patrick, Rhys Williams, DeForest Kelley y los principiantes Rod Taylor y Lee Marvin increíblemente son los que entonan y le dan color al paisaje. La Eva Marie Saint, desapercibida, no la hacen pintar nada. Nunca una pareja de tanto éxito como la Taylor y Montgomery Clift en sus tiempos de *A Place in the Sun* (George Stevens, 1951) se mostró tan errática y fuera de lugar, justificada sólo por la locura del personaje de Liz, insana de nacimiento engatusa a Cliff hacia el matrimonio para no parar en un asilo y la introducción del elemento fantástico de encontrar el mítico árbol de la lluvia, antecediéndose mucho antes a Gabriel García Márquez en la imaginería, que quizás fumó y bebió de este melodrama poco conspicuo. De aquí en adelante su director Edward Dmytryk, uno de los diez de Hollywood, cayó en una pendiente de mala racha, salvándose *The Young Lions* (1958) y *Warlock* (1959) aunque ambas bastante lejos de aquellos tiempos de *Behind the Rising Sun* (1943), *Tender Comrade* (1943), *Murder, My Sweet* (1944), *Cornered* (1945), *Till the End of Time* (1946), *Crossfire* (1947) y *The Sniper* (1952) que sin llegar a ser obras acabadas estaban llenas de originalidad y ambiente, desinhibición y desenfado. En su rehabilitación como ciudadano norteamericano ejemplar, Dmytryk prefirió inclinarse al brillo de las grandes luminarias ante la consistencia de la realización y fue sucumbiendo lentamente. Sus excamaradas nunca le perdonaron el haberse arrepentido de su filiación comunista, gozaron en desprestigiarlo frente a las nuevas generaciones. Edward Dmytryk no supo reponerse, *Raintree County* es el primer peldaño en el descenso. Hay quienes pronostican una revalorización mayúscula por parte de nuevas generaciones teniendo en cuenta que el tema musical lo canta Nat King Cole y se empleó el novísimo sistema de pantalla ancha y 65 mm bautizado como MGM Camera 65 con una fotografía extraordinaria de Robert L. Surtees, en sus inicios asistente de cámara de Gregg Toland. Hay etnias que por enfermizo chovinismo la salvan poniendo como ejemplo la siguiente escena:

En un cementerio, mientras Elizabeth Taylor y Montgomery Clift contemplan una tumba:

Susanna Drake/Elizabeth Taylor: Ella era una negra.

John Wickliff Shawnessy/Montgomery Clift: ¿Una de tus esclavas?

Susanna Drake/Elizabeth Taylor: ¡Oh, no! Ella era de Cuba.

Hasta el momento surgen las dudas si esa mujer enterrada ahí era la madre de la Taylor. En el abrupto final nadie se ha puesto de acuerdo cómo fue que murió Susanna Drake/Elizabeth. Algo inconcebible para una película de mayoría donde todo debe ser explicado.

4. *A Farewell to Arms* (Charles Vidor/John Huston sin crédito) Rock Hudson, Jennifer Jones, Vittorio De Sica

Ni buena ni mala dijeron los críticos citando a otros críticos. Ni de lo mejor ni de lo peor, hay grandes paisajes naturales en locaciones italianas y movimientos de multitudes a lo largo y ancho de la pantalla en CinemaScope. *A Farewell to Arms*, a juicio de algunos, tampoco es de lo mejor escrito por Hemingway y a juicio diametralmente opuesto de otros es su *Romeo y Julieta*. Hemingway, en el fondo no muy profundo, era un romántico empedernido y cuando se pasaba de tragos, casi siempre, se enamoraba sexualmente de sus personajes no importa que fueran hombres o mujeres, lo que a su favor lo engrandecía como un escritor muy convincente. El amor de Frederic Henry y Catherine Barkley es como el de Jay Gatsby por Daisy Buchanan en la novela de Fitzgerald o el de Clyde Griffiths y Sondra Finchley en *Una tragedia americana* de Theodore Dreiser. Y si de amores enfermizos se trata, se asemeja bastante al de Dick Diver por su esposa Nicole en *Tender is the Night*, otro Fitzgerald, en la casi ficción autobiográfica del propio Scott con Zelda. En cuestiones románticas los escritores de la Generación Perdida coincidían. Por esa razón David O. Selznick, el productor del film, prescindió de John Huston y no lo dejó terminar *A Farewell to Arms*. A mí tú no me conviertes este idilio en un campo de batalla, nieve, muerte y desolación. La desolación tiene que estar dada por la muerte de Catherine, mi mujer Jennifer Jones, para que el público llore de la misma forma que lloré yo cuando leí la novela. Y si el público lloró fue de incredulidad porque la Jones tenía entonces 38 años y pretendía representar a una chica de 21, la edad de la heroína en la novela. Y vino Charles Vidor a terminarla llevándose los oscuros laureles que produjeron el retiro de Selznick como productor, hasta aquí llegamos con el despilfarro, casi que se le vacían las arcas. Sí, por encontrarle acomodo, hay méritos en la ambientación y en el vestuario, pero *Adiós a las Armas* falla en el reparto seleccionado. El único que se puede mencionar como perfecto en su papel es Rock Hudson y la prensa se tuvo que tragar la lengua y admitir que nacía un artista de peso. Él es el Frederic Henry que Hemingway delineó (en esta película es Frederick), con una sonrisa natural que abría cualquier puerta. Mucho que le costó este reconocimiento, porque todos jugamos a que no llegaría jamás a la categoría de gran estrella. Si comparamos esta versión de dos horas con la de 1932 dirigida por Frank Borzage (1 hora y 18 minutos), un adicto a la melancolía y a poner en riesgo la consumación de cualquier romance, cuando le tocó *Adiós a las Armas* pisó terreno firme, caminó a sus anchas. Entre las dos versiones, nos quedamos con la de Borzage donde cada miembro del elenco juega su papel a cabalidad. Y conste que Helen Hayes tenía sus 32 años, pero con una dulzura y una fragilidad en el rostro muy distantes a las de Jennifer Jones que fue inventada para perseguir los atributos de los hombres. La muerte de Catherine/Helen Hayes y Gary Cooper suspendiéndola en sus brazos es historia. Historia memorable por el delicado gusto de Frank, el decorado Art Deco y la fotografía de Charles Lang. La correcta actuación de Rock Hudson no fue suficiente para salvar esta segunda versión.

Postdata: La sorpresa la constituyó Vittorio De Sica como el mayor Alessandro Rinaldi con una nominación al Oscar secundario.

5. *Les Girls* (George Cukor) Gene Kelly, Mitzi Gaynor, Kay Kendall, Taina Elg

Una vez a George Cukor, feminista y afeminado, se le ocurrió juntar a grandes y terribles actrices difíciles de torear (léase Norma Shearer, Joan Crawford, Rosalind Russell, Joan Fontaine, Paulette Goddard, Marjorie Main, Mary Boland, Hedda Hooper, Ruth Hussey, Virginia Grey y Mary Beth Hughes) en un proyecto llamado *The Women* y le salió de rechupete, y hacia mitad de la película en blanco y negro logra arrancar susurros del público "Ooh... Aah... Uuh..." con un desfile de modas en Technicolor. Eso ocurrió en 1939. Diecisiete años después creyó que podía repetir lo mismo reuniendo a Mitzi Gaynor, Kay Kendall y Taina Elg en *Les*

Girls. Y creyó que con Gene Kelly en la parte masculina la cosa quedaría apuntalada. Y echándole mano al apuesto Jacques Bergerac, traído desde su país de origen como marido oficial de la Ginger Rogers, dieciséis años mayor que el occiso, el triunfo sería absoluto, casi divino con este abogado devenido en actor. *Les Girls* fue el último musical de Kelly con la MGM después de un largo contrato iniciado en 1942. *Les Girls es* la última partitura musical de Cole Porter para el cine. Y *Les Girls* es una de las primeras películas en que el coreógrafo, Jack Cole en este caso, recibe un crédito individual en grande. *Les Girls* es una comedia musical a lo *Rashomon* (Akira Kurosawa, 1951): la misma historia presentada desde el punto de vista de tres personas, a diferencia del original japonés donde se incluía una cuarta: la del muerto. Aquí Kay Kendall va a juicio por contar en su autobiografía los motivos que condujeron a la aristocrática Taina Elg a un intento de suicidio. Taina Elg se defiende contando los motivos que la ahora Lady Sybil/Kay Kendall tuvo para ser ella la que hiciera ese intento. Gene Kelly salva la situación de estas dos mujeres muy bien casadas afirmando que las dos no intentaron suicidarse, sino que fue un accidente fortuito. Pero Mitzi Gaynor, en lo que pudo ser la versión verídica, no cuenta como se deshizo de las otras *girls* para quedarse con Kelly, su esposo actual. Y ese no es el único fallo de Cukor. Cukor fue incapaz de fusionar la trama con lo musical y cada uno va por su rumbo, lo cual, si se suprimieran las coreografías, la película funcionaría como una comedia atrevida de amigas promiscuas dentro del estilo de George: desenfados y frivolidades unidos por un diálogo inteligente, chispeante. Taina Elg se lleva la primera parte, Kay Kendall se desboca a la inglesa en la segunda y Mitzi Gaynor se luce junto a Kelly cuando este hace una parodia bailable de Marlon Brando en *The Wild One* (Laslo Benedek, 1954). Este número, *Why Am I So Gone About That Gal?* montado en rojo y blanco con vestuario en negro es prueba irrefutable de lo gran bailarina que fue Mitzi Gaynor y lo poco reconocida en su momento.

Destrozada su carrera por el fracaso económico de *South Pacific* (Joshua Logan, 1958), la Gaynor se refugió en la televisión y en la vida nocturna de los nightclubes. En la televisión realizó maravillas, muchas de ellas censuradas en la edición al momento de proyectarse por osadas en el vestuario y los movimientos. Quien quiera verlas completas que se consiga el documental (que ya es objeto de colección*) Mitzi Gaynor: Razzle Dazzle! The Special Years* (2008) y se pondrá de rodillas frente a esta genial bailarina. Gracias también al DVD con su selección de escenas, hoy día no hay necesidad de dispararse completa *Les Girls.* Buscar el capítulo que le interese en dicha selección y haga clic. Si por casualidad alguien se embulla a ver más de una secuencia de *Les Girls*, la parte musical o lo que sea, sin prejuicio alguno, sin temor a hacer el ridículo, es que sin lugar a dudas es una respetable película, equivalente a decir, todo un señor Cukor si hablamos del film, o toda una señora Cukor en caso de la cinta.

6. *Love in the Afternoon* (Billy Wilder) Gary Cooper, Audrey Hepburn, Maurice Chevalier

Amor en la tarde es un homenaje abierto de Billy Wilder hacia su ídolo Ernst Lubitsch y el primer libreto en colaboración con I.A.L. Diamond (para un total de doce) retomando la idea del film alemán *Ariane, jeune fille russe* dirigido por Paul Czinner en 1932 donde él había participado en el argumento. El amor es un juego, dice el Casanova/Gary Cooper en el film, donde cualquier número puede salir... especialmente si la tarde es parisina. Y si la chica, además, es una menor de edad y se llama Audrey Hepburn con toda seguridad que algunos prefieren quemarse bajo su piel. Según la leyenda existía un rey llamado Midas que todo lo que tocaba lo convertía en oro y bajo el cielo de Hollywood nombrar a Audrey Hepburn era convertir en encanto y por supuesto dinero cualquier película en que apareciera. Ariane es el nombre de la protagonista y de la novela de Claude Anet en la que se inspiró Wilder para realizar este film, con todas las delicias del pecado consciente. Sin cargo de conciencia por los riesgos de un mal paso, esta adolescente llena de literatura (entiéndase musarañas) en la cabeza decide entregarse a los brazos de un hombre bastante mayor por el cuento aquel de que ellos saben, con la experiencia que les dieron los años y que llaman psicología de camaján lo que es el amor y cómo hacerlo para que nada desluzca ni nada se desmorone durante el ejercicio, eliminando con mañas y astucias pequeñas barreras que siempre hay que atravesar la primera vez. Muchos encontraron mal que ese hombre mayor fuera Gary Cooper en vez de Cary Grant. Pero lo que muchos no acabaron de entender es que Cooper era un actor que aventajaba a Grant en estatura y con ese tipo de llave no hay puerta que se resista, no importa la cara que traiga porque ante tamaño atributo nadie le va a mirar los ojos. De todo corazón, *Love in the Afternoon* es una comedia sofisticada y maliciosa, lenta, con pinceladas de inmoralidad, pero de beneplácito con aquello de tanto va el cántaro a la fuente hasta que Ariane cae por inocencia o convicción en los tentáculos de Cooper. Y es el increíble Maurice Chevalier, perfecto como el padre francés de la Hepburn, le bullía la sangre con el rol, cuando al enterarse de lo que está ocurriendo le dice a Cooper: Menos romperle el corazón a mi hija, cualquier cosa. *C'est la vie* que es *c'est si bon*. A disgusto de Billy Wilder, que nunca explicó qué final buscaba, quizás el uso y luego el desuso de la tierna Ariane. La versión americana del film recalca que a pesar de la diferencia de edad, la pareja se casaba y vivía felizmente en Nueva York. Qué fascinación, exclamaba el público tarareando la melodía del mismo nombre, hilo conductor de la trama. Si yo la hubiera visto antes, cuenta un psiquiatra en sus memorias, cuando atendía a una paciente traumatizada desde su adolescencia, qué me hubiera sucedido a mí, doctor, en un atardecer parisino, insistía sin comprenderla, después de caminar por los Campos Elíseos en vez de aquella cosa rápida y sin poesía de mi primo, que me arrinconó sin acordes de violines. ¿Dónde, dónde está Gary Cooper ahora, doctor? Esa era la terapia que ella necesitaba y yo no sabía de cine, y no supe dársela.

7. *Peyton Place* (Mark Robson) Lana Turner, Hope Lange, Diane Varsi, Lee Phillips, Lloyd Nolan, Arthur Kennedy, Russ Tamblyn, Terry Moore

En 1956, una chica genéticamente poca agraciada, Grace Metalious, en venganza a su falta de feminidad, a la discriminación racial sufrida por su origen francés-canadiense y a la burla constante de sus coetáneos, decide escribir y publicar *Peyton Place*, una novela bomba. *Peyton Place* se desarrolla en una aparente apacible comunidad de Nueva Inglaterra durante los años de la Segunda Guerra Mundial y durante 157 minutos en la pantalla se proyectarán las vicisitudes de los habitantes de esta caldera del diablo que se habían llenado de estupor cuando vieron sus vidas y los secretos de sus vidas expuestos en letra de imprenta por la infame Metalious, que poco faltó para que la lincharan. Como libro, *Peyton Place* arranca con una descripción hermosa del Verano Indio, característico período de esa región desde mediados de octubre a finales de noviembre cuando las hojas cambian de color y antes de la primera nevada. Hay garra y sentimiento. Y si algunas de las historias contadas por la Metalious tuvieron que ser veladas durante la filmación (tendencias homosexuales y lésbicas), con todo lo kitsch que pueda parecer la película vale recordar que recibió nueve nominaciones al Oscar, hasta para Lana Turner que estaba pasando por momentos trágicos de su vida: de un cuchillazo certero la hija se llevaba por el medio al hampón Stompanato que además de extorsionar a la madre, la golpeaba. *Peyton Place* fue la consagración de tres jóvenes actores: Diane Varsi, Hope Lange y Russ Tamblyn, que por diferentes motivos, menos el de oportunidades a manos llenas, se fueron opacando. Y la reafirmación de que Arthur Kennedy siempre estaba bien parado, con un historial de cinco nominaciones al Oscar y afamado intérprete teatral de los personajes de Arthur Miller. En 1961 se quiso repetir el éxito del film con la secuela titulada *Return to Peyton Place* (José Ferrer) con Carol Lynley, Jeff Chandler y Eleanor Parker, pero sólo una endemoniada como Mary Astor logró salir adelante en el condumio. La magnitud de popularidad de *Peyton Place* inspiró con mejor suerte una serie televisiva del mismo nombre vigente desde 1964 hasta 1969, la cual lanzó al estrellato a dos jóvenes novatos: Ryan O'Neal y Mia Farrow. De la noche a la mañana la Metalious pasó de la pobreza a la riqueza y de la sobriedad al alcohol. Difamada por la ofendida clase media, la Metalious les gritó soezmente: Si soy una escritora horrorosa entonces una terrible cantidad de personas tiene el gusto horroroso. Sí, porque fue *Peyton Place* quien inauguró el slogan de best seller y esas dos palabras, *Peyton Place*, quedaron registradas en la cultura americana como sinónimo de dualidad en la clase media americana, con íntimos secretos y abundante y extravagante sexo debajo de una hipócrita cubierta de convencionalismo, los domingos no se puede dejar de ir a la iglesia y escuchar misa y mirar de soslayo a esa juventud aún sin iniciarse que baja la cabeza y canta, ven tú oh rey eterno, mientras que al anochecer en bosquecillos solitarios parquean los carros y se entregan a prácticas inapropiadas por las consecuencias que acarrean. En 1998 el vocablo *Peyton Place* volvió a la palestra pública y a niveles de gobierno con el famoso caso vodevilesco Clinton/Lewinsky teniendo como fondo la Casa Blanca. Grace Metalious murió pobre a los 39 años de edad, de cirrosis hepática. Hoy día el secreto bien guardado de la publicación de *Peyton Place* ha salido a la luz. Una novela mal escrita, desordenada, caótica, que sembró el interés de Kathryn G. Messner al frente de la casa editora Julien Messner de Nueva York. Y la Messner inició así uno de los fenómenos más raros y más sucios de la literatura moderna: comprar bocetos, borradores, ideas y lograr un montaje bien pulido con todo ese revoltijo hasta llevarlo a ventas millonarias, inventando así la literatura como artículo de consumo a nivel de supermercado. La Messner contó entonces con la ayuda de la experta y sensible Leona Nevler, una mujer con cuatro dedos de frente a la cual se debe según dicen el 85% de la novela, incluido el maravilloso comienzo.

8. *Witness for the Prosecution* (Billy Wilder) Tyrone Power, Charles Laughton, Marlene Dietrich, Elsa Lanchester

La unión del alemán Billy Wilder con la reina inglesa del misterio Agatha Christie produjo una cinta taquillera, de ávido interés y consumo para el gran público y a la vez celebrada por la severa crítica, ágil montaje, actuaciones descollantes. Un papel idóneo para el exagerado Charles Laughton, como aquel que Hitchcock le regaló en *The Paradine Case* (1948), la justicia se aplica a mi modo, según mi punto de vista y de acuerdo al estado de ánimo en que me encuentre. Tyrone Power, trabajando con artistas con más de una carta escondida entre las mangas, se pone a la altura, encaja a la perfección en el bien parecido sin escrúpulos, que cierto provecho tengo yo que sacarle a mi belleza física para seducir a esa vieja, matarla y por supuesto heredarla. Elsa Lanchester, de secundaria, se calza la nominación para un Oscar. Y Marlene Dietrich, con su rostro de mujer sin quince, aquí con la verdadera edad que le corresponde a ese rostro, le da el punto de sal al suspenso y es la clave para el desenlace. Y en estos casos jamás se puede contar la trama, se recomienda pagar la entrada, dejarse llevar por los trucos y artificios de la bruja Agatha y disfrutarla. Baste decir que la Christie siempre puso el corazón por delante en el momento del desenlace, nunca nos decepcionó. Billy Wilder la tomó en serio, con un sexto sentido la va rastreando paso a paso en uno de los mejores homenajes que se le pudo rendir a esta escritora en el cine.

9. *A Hatful of Rain* (Fred Zinnemann) Don Murray, Anthony Franciosa, Eva Marie Saint

1957 es el año en que la 20th Century Fox decidió jugarse el todo por el todo utilizando el CinemaScope en blanco y negro. *El ansia perversa* (título en español) o *Un sombrero lleno de lluvia,* traducción literal, tomada de una obra de teatro de Michael V. Gazzo y adaptada a la pantalla por el propio Gazzo, Alfred Hayes y Carl Foreman requería a todo trapo ese uso del blanco y negro. El fracaso de filmar en colores *The Man in the Gray Flannel Suit* (Nunnally Johnson, 1956) no podía volver a repetirse. Y continuando con la limpieza de obstáculos en el camino hacia el éxito, Carl Foreman, que estaba en la lista negra del macartismo fue ignorado en los créditos. Solo 14 años después de su muerte, en 1998, el gremio de escritores americanos (Writers Guild of America) determinó restituir su nombre. Los ingleses fueron más lejos y en abierto homenaje crearon por la BAFTA (British Academy of Films and Television Arts) el premio *Carl Foreman Award for the Most Promising Newcomer.* Con la dirección de Fred Zinnemann, esta rareza para su época recrea la historia de un soldado de la guerra de Corea que regresa mal tratado (no confundir con maltratado) de un hospital y adicto a las drogas debido a la morfina que le aplicaron para salir del paso. Don Murray, en el *hit parade* de su carrera y Eva Marie Saint, antiactriz perfecta para el rol de la esposa por su falta de glamour, se hacen cargo de los papeles que Ben Gazzara y Shelley Winters interpretaron en el teatro. Anthony Franciosa, con el método del Actors Studio debajo del brazo, intoxicado al máximo de manierismos, es el hermano de Murray que conoce de su adicción y lo protege, papel que lo consagró en las tablas. La desenvoltura y el perfeccionismo de Franciosa por imitar a Paul Newman es tal que fue nominado al Oscar. Bernard Herrmann se responsabiliza de la música. Y la fotografía está a cargo de Joe MacDonald, favorito de

Sam Fuller (*Hell and High Water*, 1954 y *House of Bamboo*, 1955 son inventos suyos). *El ansia perversa* es uno de los mejores ejemplos del realismo americano de los años 50. Edificios multifamiliares de bajos ingresos, desajuste familiar, traumas de la infancia, resentimientos escondidos, confrontación de padres e hijos, mujer en avanzado estado de gestación está por creer que su marido la engaña, es preferible entonces correrse con el hermano que vive bajo el mismo techo sin sospechar que su marido tiene por amante algo más seductor y alucinógeno que otra mujer, de inevitable necesidad y dependencia: la droga maldita o la droga bendita Si hoy el tema no tiene el mismo impacto de su época es porque después de la guerra de Vietnam y la proliferación de una variedad singular de drogas además de la morfina, la marihuana, la coca, el opio y la tradicional heroína surgieron el LSD, el crack, la piedra, el hashi, el éxtasis, la anfetamina y no se sabe cuántos inventos químicos más que disminuyeron el mensaje del film por tratar un asunto *demodé*. Joe MacDonald, el fotógrafo con una larga lista de títulos memorables hace de *A Hatful of Rain* un esmerado trabajo donde es difícil imaginarse que alguna vez ese drama suelto y plagado de exteriores pudo estar basado en una claustrofóbica obra de teatro. El dinamismo y los encuadres a veces aturden. A falta de color surgen los ángulos atrevidos, juego de los blancos y negros con diferentes gamas de grises, una escuela que recuerda bastante a John Alton. Y ese es su mérito y su vigencia, no así el asunto de la droga porque en los sesenta todos la consumieron un poquito menos o un pocón más, lo cual significa que el mensaje de la película, soy un yonqui, papá, no llegó a donde debía llegar y dejó sembrado el bichito de la curiosidad en algunos. Menos mal que la película termina en el caos, sin ver a un hombre feliz, recuperado de la adicción, dándole así un carácter de perdurable y adulta. Parodiando la melodía de Hoagy Carmichael, los hippies bautizaron ese "recurso de evasión" como *Star Dust* (Polvo de estrella) y los Beatles llegaron a la enajenación total con *Lucy in the Sky With Diamonds*, es decir, después de consumirla, Lucía se veía en el cielo llena, rodeada, acompañada de diamantes. Bello sueño lejos de la realidad por inalcanzable.

10. *Wild is the Wind* (George Cukor) Anna Magnani, Anthony Quinn, Anthony Franciosa

Cukor, director por excelencia de grandes mujerangas, Greta Garbo, Jean Harlow, Katharine Hepburn, Norma Shearer, Joan Crawford, Constance Bennett y deliciosas hipersensibles como Judy Holliday y Judy Garland entre otras, quemó sus manos en la candela Magnani y aunque no sacó adelante la película, la italiana dio momentos emotivos, a los que estaba acostumbrada cuando un buen director le apretaba las tuercas y aquí está el mérito de George Cukor: saber con su alma de mujer hasta donde pueden ser ellas llevadas contra la pared para que salten con bríos. Pero *Wild is the Wind*, por la forma en que está fotografiada, parece más un drama televisivo de los años cincuenta que de la pantalla de plata. El viudo Anthony Quinn que reemplaza a su difunta mujer por la hermana y quiere ver a esta como una copia al carbón de la anterior provoca la erupción de la Magnani que para sofocar la humillación a que está siendo sometida, ella es ella y no la otra que Dios acogió en su seno, se entrega a Franciosa en un buen acoplamiento de ambos como actores, porque ella es una experta devorando muchachos jóvenes y él se muestra ávido de experiencias nuevas y retorcidas. La Magnani canta o habla cantando con la magia aprendida en los teatros de barrio cuando un público masca chicle y boca sucia la chiflaba complacido y por esa sola escena salva así parte del film. Al final, para quedar bien con la iglesia católica, ella es una italiana llena de santos que se persigna, hay que hacer de una forma u otra que Franciosa se marche para que el matrimonio con Quinn se salve. Demasiado traído por los pelos porque la calentura que el joven le desató a Anna y le calmó en un ambiente rural poblado de caballos en celos es bien difícil de olvidar. Un final conciliador e hipócrita le impide a la protagonista coger el sendero de sus instintos y cede a quedarse en los horripilantes brazos del torpe Anthony Quinn. Pero bueno, de no ser por esta decisión el regreso de Anna Magnani a Italia era obligatorio, repudiada por su esposo, regrésate a tu aldea, con la inmediata pérdida de la residencia en los Estados Unidos. Quizás si George Cukor no hubiera sido tan deshonesto cerrando la película de esa manera estaríamos frente a un film desconcertante y sincero. Para los fanáticos de Johnny Mathis lo único importante del film es el tema musical de la película *Wild is the Wind*, que él canta. Si es así, merecido banquete.

11. *Time Limit* (Karl Malden) Richard Widmark, Richard Basehart

La primera y última película dirigida por Karl Malden, salvo algunos planos de *The Hanging Tree* (Delmer Daves,1959) que luego se le atribuyeron. Y esa fue su mejor retirada y su mejor decisión: dar como actor lo mejor que podía, cosa que lograba fácilmente en cada una de sus actuaciones, mientras se olvidaba de ser un director mediocre. Richard Widmark fue el productor y el instigador de este proyecto. Lo más relevante de *Time Limit* no es el tema, sino el "asunto" detrás del tema, algo que la parte liberal americana objetó como embuste y patraña de las fuerzas más conservadoras dentro de la Cámara y el Senado: durante la guerra de Corea los norcoreanos y los chinos utilizaron la técnica del lavado de cerebro con los prisioneros americanos. *The Bamboo Prison* (Lewis Seller, 1954) había sido la primera película en explicar las razones que condujeron a 21 soldados americanos negarse a ser repatriados al finalizar la guerra de Corea y decidieron permanecer en China. *The Rack* (Arnold Levin, 1956), la segunda película de Paul Newman, vuelve con el "asunto" y sus consecuencias: todos los soldados que se dejaron lavar el cerebro deben ser juzgados como traidores. En *Target Unknown* (Mervyn LeRoy, 1956), el regreso de William Holden como prisionero de Corea del Norte le resulta nefasto, tiene que soportar que le digan soplón después de las torturas recibidas. Y la simbólica ciencia ficción *Invasion of the Body Snatchers* (Don Siegel, 1956) alerta de una abierta expansión dentro del propio territorio americano. El non plus ultra llegó con *The Manchurian Candidate* (John Frankenheimer, 1962) donde Laurence Harvey, por tener el cerebro lavado, es juguete de cualquier bando, en especial la madre/Angela Lansbury con ambiciones políticas sin freno. Y luego, y luego, en vez de denunciar estas terribles prácticas en el cerebro humano, cosas del cine y sus supercherías dijeron, durante la guerra de Vietnam volvieron a sufrirlas con métodos sofisticados. Los testimonios del senador John McCain cuando estuvo preso en Vietnam fueron elocuentes. Por tanto, tenemos que aceptar que *Time Limit* forma parte de ese pequeño grupo de películas precursoras que con seriedad exponen el "asunto". Richard Widmark se desenvuelve con oficio en su papel de bueno, igual como nos tenía acostumbrados a verlo de malo, un actor camaleónico. En *Kiss of Death* (1947) de Henry Hathaway había llegado al clímax de la demencia y la maldad, mientras que en *My Pal Gus* (Robert Parrish, 1952) estaba irreconocible como comediante, igual que más tarde lo haría en *The Tunnel of Love* (Gene Kelly, 1958) nada menos que junto a Doris Day. El otro actor, Richard Basehart, enigmático y ambivalente, lleva a su personaje en esa línea de cuerda floja, perturbación mental, deterioro mental, que lo lanzó a la fama en *He Walked by Night* (Alfred L. Werker, 1948). Siguiendo esta línea, la película danesa *Brothers* (Susanne Bier, 2004) y su remake americano *Brothers* (Jim Sheridan, 2009) son parte de la comitiva en denunciar el "asunto" ahora con los terroristas de Al Qaeda. Gran parte del mundo calla como si estuvieran fuera del juego, sordos al ancestro refrán que esos grupos pregonan: Cuando alcancemos el poder no va a quedar títere con cabeza.

Sin menospreciar:

1. *The Three Faces of Eve* (Nunnally Johnson) Joanne Woodward, Lee J. Cobb, David Wayne

Nunnally Johnson se inició en el cine escribiendo guiones, luego se desempeñó como productor y por último le picó el bichito de ser director. De sus trabajos como guionista el más comentado sigue siendo *The Woman in the Window* (Fritz Lang, 1944) y como productor un raro oeste con Gregory Peck de malvado y con bigotes, *The Gunfighter* (Henry King, 1950). La llegada del CinemaScope le dio la oportunidad a Johnson de producir y dirigir películas a su antojo. En 1953 debuta con *Night People*, espionaje en la Alemania dividida durante la guerra fría y le sigue *Black Widow*, un leve *film noir* en colores, el primero en pantalla alargada rezaba la propaganda. Nunnally Johnson produjo y dirigió *The Three Faces of Eve* con el olfato del triunfo. La protagonista desarrollaba tres papeles de acuerdo a un desorden de la personalidad producido por un trauma de la infancia. Basado en el caso real de Chris Costner Sizemore, su identidad se guardó bajo el nombre clínico de Eve White hasta 1975, de aquí el título de la película. Fotografiada en blanco y negro, *Las tres caras de Eva* tenía un enemigo peligroso con idéntica historia, *Lizzie* (Hugo Haas,1957) muy poco elaborada como película de primera, pero con una actuación esmerada de Eleanor Parker. No se conoce con claridad lo que la poderosa Fox hizo para borrar del mapa *a Lizzie*, lo que si fue público es que la Woodward, la mujer de Paul Newman como le decían muchos, se llevó el Oscar. Filmada en las locaciones del Medical College de Georgia en la ciudad de Augusta y tratada sin aspavientos ni efectos especiales que pudieran pensar en la presencia de una doctora Jekyll y otra miss Hyde, la Woodward convence como la esposa que no se entiende a sí misma y necesita la ayuda de un psiquiatra. Se libera como Eva la desvergonzada y no cumple con la tercera personalidad mediadora que le da un final feliz al drama. El único gran defecto de la Woodward es que no puede dar los cambios de personalidad delante de la cámara y recurre al manido recurso de ponerse de espalda hasta para cambiar de voz. Todavía, en ese momento, era una actriz con mucho camino por recorrer, pero la premiaron. En 1976, bajo la dirección de Daniel Petrie y para la televisión volvió al tema de las diferentes personalidades con *Sybil*, que en la vida real se conoce como el caso de Shirley Ardell Mason, una chica con identidad disociativa por traumas de la infancia producto de severos abusos que la llevaron a desarrollar no tres, sino dieciséis diferentes personalidades. Joanne Woodward fue la psiquiatra y la perturbada Sybil fue interpretada por la carita de ingenua, no se lo crean, Sally Field. Con tan buen acierto interpretó la Field los múltiples papeles que se ganó un Emmy. Se dice que el que haga de loco en el cine o en la televisión al final sale premiado.

2. *The Bachelor Party* (Delbert Mann) Don Murray, E.G. Marshall, Jack Warden, Philip Abbott, Larry Blyden, Carolyn Jones

Matrimonio y mortaja del cielo bajan. Cinco amigos en Nueva York confrontan su existencia durante una noche dedicada a la despedida de soltero de uno de ellos (Philip Abbott). Filmada en locaciones de la Gran Manzana, en especial el sector del Greenwich Village en boga por su excentricidad. Es el segundo encuentro de Paddy Chayefsky con Delbert Mann, sobre la adaptación de una obra de televisión del primero montada en 1953. Con nominación al Oscar para Carolyn Jones, fue la gran perdedora frente a Miyoshi Umeki en lo que hubiera sido un crimen con premeditación para la japonesa si la separaban de Red Buttons en las premiaciones, su marido en *Sayonara* (Joshua Logan). Carolyn Jones encontró su verdadero espectro en la televisión como Morticia en la serie *The Addams Family*. Este fue también el año de Don Murray, que no tuvo una carrera coherente. Quizás sus otras dos grandes actuaciones fueron en *Advise & Consent* (Otto Preminger, 1961) y *Deadly Hero* (Ivan Nagy,1976). En la primera es el honesto senador de Estados Unidos chantajeado políticamente por un pecadillo de juventud durante la guerra cuando sobrepasó su amistad con otro soldado e intimidaron más de lo normal. Y en la segunda, el policía héroe que salva a una mujer de un secuestro por un intruso paranoico y esta lo acusa de haberlo matado sin necesidad, no importa que estuviera muy cerca de ser violada y asesinada. *The Bachelor Party* es el triunfo del lenguaje de la televisión en el cine, lo cotidiano al desnudo, sin tapujos. La escena de Philip Abbott como el soltero que le confiesa a Don Murray su miedo a casarse porque no tiene ninguna experiencia sexual es más aterrorizante que una película de Drácula o Frankenstein. Porque para casarse hay que saber hacer ciertas cosas que necesitan experiencia y él no ha pasado ningún curso. Si la historia no se sostiene es porque el ridículo y el caos que pueda pasar una persona en una vida matrimonial sin armonía por su falta de oficio ha perdido actualidad. Hoy día solucionan el problema tomando por caminos tortuosos donde después de atreverse a una aventura, si te vi no me acuerdo, llegan a la casa simulando dolor de cabeza, se toman dos aspirinas, anestesian la conciencia. Tremenda contradicción la del complicado ser humano.

1957 fue también el año de las hartas conocidas y celebradas:

1. *Heaven Knows, Mr. Allison* (John Huston) Robert Mitchum, Deborah Kerr

2. *12 Angry Men (*Sidney Lumet) Henry Fonda, Lee J. Cobb, Ed Begley, E.G. Marshall, Martin Balsam

3. *Funny Face* (Stanley Donen) Fred Astaire, Audrey Hepburn

4. *An Affair to Remember* (Leo McCarey) Cary Grant, Deborah Kerr

5. *Gunfight at the O.K. Corral* (John Sturges) Burt Lancaster, Kirk Douglas, Rhonda Fleming, Jo Van Fleet

6. *The Enemy Below* (Dick Powell) Robert Mitchum, Curd Jürgens

7. *Paths of Glory* (Stanley Kubrick) Kirk Douglas, Ralph Meeker, Adolphe Menjou, George Macready

8. *China Gate* (Samuel Fuller) Gene Barry, Angie Dickinson, Nat King Cole, Lee Van Cleef

9. *3:10 to Yuma* (Delmer Daves) Glenn Ford, Van Heflin

10. *A Face in the Crowd* (Elia Kazan) Andy Griffith, Patricia Neal, Anthony Franciosa, Lee Remick

11. *Sweet Smell of Success* (Alexander Mackendrick) Burt Lancaster, Tony Curtis, Susan Harrison que forman otro equipo merecedor de cualquier discusión y dejamos al gusto y al albedrío de los fanáticos del cine la motivación a la crítica.

Las películas más sobresalientes de
1958

1. *The Inn of the Sixth Happiness* (Mark Robson) Ingrid
Bergman, Curd Jürgens, Robert Donat

Gladys Aylward fue una doméstica inglesa que pidió un
día ser misionera en la China de los 1930. Su historia sirvió
de base al libro *The Small Woman* escrito por Alan Burgess.
Al no ser aprobada su solicitud por la organización corres-
pondiente, se embarca en el Orient-Express, luego coge el
Transiberiano y decide por cuenta propia cumplir con la labor que ella misma se ha encomendado. Al menos, Gladys
nunca tuvo apariciones divinas que le indicaran el camino
que tenía que seguir. Fue su luz interior, su inspiración, la
que la llevó a tomar tal decisión. Ingrid Bergman, con los
brazos de Hollywood abiertos por su regreso, es Gladys
con una diferencia de estatura considerable, la original era
una diminuta mujer. *La Posada de la Sexta Felicidad* es
una película episódica filmada en Gales porque la China
comunista sugirió boicotear, hasta invadir Taiwan si Mark
Robson decidía filmar en esa isla maldita un asunto que les
pertenecía y que tampoco iban a acceder a que se realizara
en su territorio si la figura de Mao Tse-Tung no aparecía
como el guía salvador. Desde su inicio el espectador sabe
que paso a paso quedará unido a Gladys en las dificultades que irá encontrando en un extraño país en costumbres,
idiomas (más de uno), fisonomía y color de la piel. También es de suponer y esperar que Gladys sienta amor por
un oriental, que no será otro que el alemán Curd Jürgens
ligeramente maquillado. El clímax llega cuando Gladys
tiene que transportar a 100 niños chinos por las montañas
para protegerlos de los invasores japonesas en 1940. Mark
Robson, director de oficio y de más de tres cosas notables:
The Seventh Victim (1943), *Bedlam* (1946), *Champion*
(1949), *Home of the Brave* (1949), *Bright Victory* (1951)
y *Trial (*1955), se apoya en actores de sobrada experiencia
y sale adelante, sobre todo con la Bergman que sabe bailar al ritmo que le toquen. Lo que puede gustarnos en *La*

Posada de la Sexta Felicidad, que a su favor tiene el ser una cinta con oficio sin zonas de aburrimiento, nos gustó mucho, mucho más para ser sinceros, en *The Bitter Tea of General Yen* (Frank Capra, 1933) con Barbara Stanwyck y Nils Asther; *China* (John Farrow, 1943) con Alan Ladd, Loretta Young y William Bendix; *The Keys of the Kingdom* (John M. Stahl, 1944) con Gregory Peck y *The Left Hand of God* (Edward Dmytryk, 1955) con Humphrey Bogart, Gene Tierney y Lee J. Cobb. En todas ellas las emociones y las vibraciones brotaban sin ningún esfuerzo. El colmo fue cuando la verdadera Gladys Aylward, que continuó su trabajo en Taiwan donde murió, vio *La posada de la sexta felicidad*. Casi muere, ella, tan asceta, enredada casi carnalmente con un chino de descendencia germánica y ojos azules, Hollywood ha echado mi reputación por los suelos. Lo cierto es que quienes no tengan en cuenta esas pequeñeces pueden pasar su buen rato, no hasta el extremo de una sexta felicidad, pero si su ratico de gozo por la aventura, porque la Aylward era una empedernida aventurera y en ese punto Ingrid Bergman fue bastante fiel con el personaje y con ella misma.

2. *I Want to Live!* (Robert Wise) Susan Hayward

Después de una lucha sin cuartel por alcanzar el Oscar (cuatro feroces intentos a su haber), Susan Hayward fue declarada la mejor actriz de 1958 por su recreación genuina y enfermiza de Barbara Graham, una mujer de dudosa moralidad, prostituta, embaucadora, drogadicta, que se ve envuelta junto a dos crápulas en el asesinato de una anciana. Para salvar el pellejo, los dos crápulas se ponen de acuerdo y le echan la culpa. Barbara Graham es encontrada culpable y condenada a morir en la cámara de gas. El resto del film es una lucha intensa de Barbara/Susan por declararse inocente y convertir su vía crucis en un alegato en contra de la pena de muerte. No se sabe las veces que Susan había hecho de alcohólica en la pantalla, ni el enigmático gesto de las manos abiertas y tensas cuando entraba en carácter. Barbara Graham fue sofisticar y sincronizar cada movimiento de su cuerpo en respuesta a lo que anteriormente le había fallado como actuación, tanto en la pantalla como en la vida real. El compulsivo matrimonio con el actor Jess Barker la había conducido a un intento de suicidio y a una batalla campal por la custodia de sus gemelos. Hollywood le tenía un poco de miedo y le pidió que diera excusas, que proyectara una fehaciente imagen de mujer ejemplar y madre modelo. Susan Hayward tuvo que admitir que ella creía culpable a Barbara Graham, aunque hasta el momento final de la filmación, a pesar de que a la Graham ya la habían ejecutado, confiaba en que le conmutarían la pena. Susan, amarrada a la silla, se resiste a respirar durante breves segundos dándole un chance a la probabilidad de vivir. *I Want to Live!* es una película desagradable de ver, el espectador está frente a personajes lamentables productos de un medio social que les ofreció muy poco o ellos no hicieron lo suficiente por superarlo. La propia Graham en un momento de su vida se percata de la suciedad donde se mueve, trata de salirse, de construir un hogar, elige al hombre equivocado y este, para que comience su descenso a los infiernos, la abandona dejándola en estado. Robert Wise centró y dirigió con pulcritud a la Hayward. Sin embargo, varias cosas terribles debilitan a *I Want to Live!* El prólogo y el epílogo que acompañan a la historia, palabras didácticas de Albert Camus sobre la pantalla, una música de jazz fuera de sitio y Susan Hayward excesivamente maquillada y de peluquería restándole un poco de verosimilitud a la vulgar Barbara. En *I Want to Live!* hubo un poco de farsa cinematográfica, gato por liebre.

Nota: Anterior a *I Want to Live!*, Susan Hayward recibió nominaciones al Oscar por *Smash-Up: The Story of a Woman* (Stuart Heisler, 1947), *My Foolish Heart* (Mark

Robson, 1949), *With a Song in My Heart* (Walter Lang, 1952) y *I'll Cry Tomorrow* (Daniel Mann, 1955).

3. *South Pacific* (Joshua Logan) Rossano Brazzi, Mitzi Gaynor, John Kerr, Ray Walston, Juanita Hall, France Nuyen

Nueve años después de su triunfo arrollador en el teatro, *South Pacific* llega al cine en sistema Todd-AO y 65 mm dirigida por Joshua Logan, el mismo hombre que la estrenó en Broadway. Logan se enamoró del libro *Tales of the South Pacific* de James Michener y le pidió a Richard Rodgers y a Oscar Hammertein II que se encargaran de la música y de la letra respectivamente. Logan había estado en el frente del Pacífico durante la Segunda Guerra Mundial y quería homenajear a sus compañeros de lucha. Demás está decir que *South Pacific* es uno de los pilares del teatro musical norteamericano y que muchas de sus canciones tienen trascendencia emocional, como *Some Enchanted Evening, Bali Ha'i, I'm In Love With A Wonderful Gay, I'm Gonna Wash That Man Right Outta My Hair, There Is Nothin' Like A Dame* y *Happy Talk,* que son de inclusión obligatoria en conciertos patrios como los del *Memorial Day* y el *4th of July.* Aunque la película logró buenas recaudaciones por la novedad del sistema en que se había filmado, no todos los cines tenían las condiciones para proyectarla, no alcanzó las cifras soñadas. *South Pacific,* según los estudios de la 20th Century Fox, fue un fracaso rotundo. Y culpó a sus actores de falta de dinamismo, incapaces de incendiar la pantalla, demasiada pantalla para sus actuaciones de bolsillo. *South Pacific,* la película, queda en la historia del cine como el entierro de Mitzi Gaynor que en breve tiempo no la dejaron levantar cabeza y huyó a la televisión y a los espectáculos en vivo en Las Vegas. De su carrera fuera de Hollywood durante los 60 y los 70 da fe el documental *Mitzi Gaynor Razzle Dazzle: The Special Years.* Quien lo ve aplaude con la boca abierta a la Gaynor porque fue lo mejor que le pudo suceder. Mitzi Gaynor es un fenómeno muy especial dentro de la cultura norteamericana, una actriz a la que hay que arrodillarse y disculparse por los incomprendidos años que pasó en el cine. Y *South Pacific*, así como quedó en su primera versión fílmica, mejor es no pretender volver a recrearla en un *remake*. En el 2001 la televisión australiana tuvo la osadía de filmar una nueva versión "muy cuidadosa" y la empeoraron. Eligieron en su hundimiento a Glenn Close, incapaz de mirar con ojos de deseo a ningún contrincante, además de la cantidad de años que llevaba arriba para ponerse a cantar sobre lo inmadura e incurablemente verde que la protagonista, ella, confesaba ser.

4. *The Defiant Ones* (Stanley Kramer, director y productor) Sidney Poitier, Tony Curtis, Cara Williams, Theodore Bikel, Lon Chaney Jr.

A la tercera va la vencida (a su haber tenía *Not as a Stranger* en 1956 y *The Pride and the Passion* en 1957) y con *The Defiant Ones* Stanley Kramer se reafirma como un director de temas atrevidos, por no decir ligeramente a la moda. Kramer vuelve a la carga con los problemas raciales, igual que lo enfrentó como productor en *Home of the Brave* (Mark Robson, 1949). Si en *Home of the Brave* se atreven Kramer y Robson a desafiar al Código Hays introduciendo la palabra maldita *"nigger"*, aquí en *The Defiant Ones/Fuga en cadenas* hace que dos prisioneros se escapen de un campo de trabajo forzado, uno blanco y el otro negro, unidos por una cadena, para que se maten entre ellos, dice uno de los guardias de la penitenciaría justificando su incompetencia como vigilante. Pero sobrevivir es más hermoso que ponerse a discutir sobre el color de la piel y Kramer solo le echaba la necesaria leña al fuego a lo que se estaba gestando, abajo la discriminación racial, el movimiento por los derechos civiles. Esta es la película que sitúa a Sidney Poitier como el actor negro de mayor categoría en la pantalla, un actor para respetar. Y el antaño Anthony Curtis se reafirma como Tony Curtis en el estrado de los grandes, con énfasis, entonación e ímpetu por encima de la horrenda dicción heredada del Bronx. Ambos fueron nominados al Oscar y es una de las pocas veces en que la nominación se consideró premio a la excelencia. Stanley Kramer, un hombre progresista en las filas de Hollywood, vio premiado su esfuerzo y su valentía donde mejor agallas demostró tener: en el guión. *The Defiant Ones* recibió Oscar por mejor guión original para Harold Jacob Smith y Nathan E. Douglas (seudónimo del actor y escritor Nedrick Young puesto en la lista negra del macartismo). Stanley Kramer se había atrevido a más. Como homenaje a Nedrick Young, cuando están pasando los créditos sobre imágenes de la película y llegan a los del guión, hay una superposición con el chofer de un camión. No hay que adivinarlo porque en franca rebeldía por parte de Kramer es el rostro de Nedrick Young. *The Defiant Ones,* además de las secuelas que originó en el cine y en la televisión, está considerada el prototipo clásico de cine de personajes negros bautizados como *"magical Negro",* equivalente al buen hombre de color que termina sacrificándose por el blanco y cuyos antecedentes más negativos se encuentran en la Hattie McDaniel (resignada a servirle a Scarlett O'Hara por el resto de sus días) en *Gone With the Wind* (Victor Fleming, 1939) y el Uncle Remus interpretado por James Baskett en *Song of the South* (Harve Foster, Wilfred Jackson; 1946) inventándole cuentecitos al hijo del amo con dibujos animados creados por Walt Disney.

5. *The Young Lions* (Edward Dmytryk) Marlon Brando, Montgomery Clift, Dean Martin, Hope Lange, Barbara Rush, Maximilian Schell, May Britt

The Young Lions fue la respuesta tardía de la 20th Century Fox al éxito alcanzado por la Columbia Pictures con *From Here to Eternity* (Fred Zinnemann, 1953). Demás está decir que la historia de tres hombres cuyas vidas se interrelacionan bajo el paisaje de la Segunda Guerra Mundial en los campos de guerra europeos no corrió con la misma suerte de la primogénita a la hora de los premios. Dean Martin es el cobarde playboy que acaba en héroe. Montgomery Clift le da el sabor racial como judío. Y Marlon Brando interpreta a un idealista nazi, teñido de rubio para que lo pudieran identificar como un ario legítimo. La novela de Irwin Shaw había sido un ¿monumental? best seller, pero el film no llegó a esos estándares. Trabajado con seriedad, CinemaScope y en blanco y negro, no alcanza el adjetivo de sobresaliente aunque corrió bien en la taquilla. Sí, Marlon Brando padece, sufre, no le cuadra ninguna de las mujeres que conoce, nada raro en él. Montgomery Clift se llena de angustia, le pone existencialidad a su judío, tampoco nada raro en él. Pero la sorpresa es Dean Martin, a quien todos apuntaban al fracaso total en su carrera de actor y cantante después de su rompimiento con Jerry Lewis. Un rompimiento que favoreció a los dos. Y por último, los secundarios Dora Doll, Liliane Montevecchi, Lee Van Cleef y Arthur Franz en apariciones fugaces, pero imperecederas como las diéresis en la gramática para identificar o acentuar ciertas palabras, perdón, ciertas situaciones de la trama. La actuación de Brando es un tema aparte, delicado. Sus fanáticos no aceptan las críticas, pueden hacer volar un polvorín, meterte, en vez de sacarte, del closet. No así con los fanáticos del director Edward Dmytryk que después de su delación durante el macartismo reconocían con honestidad que había hecho cosas muy bien terminadas, pero intrascendentes. *The Young Lions* se suponía una película de guerra, pero hay más escenas de amor que de batallas. En la primera hora, dijeron los severos críticos, el público puede pensar que está viendo una película equivocada y exigir con todo su derecho que le devuelvan el dinero. Además, su montaje está cronometrado, cada veinte minutos cambian de alemanes para americanos haciendo ligeramente escabrosa la historia que se narra. Por arte de magia, Dean Martin y Montgomery Clift, amigos antes de la guerra, caen juntos en el mismo pelotón. Y el propio Dean Martin mata a Brando, antiguo amor, exprofesor de esquí de su adorada Barbara Rush. Creíble si hubiera sido Douglas Sirk el director. Para los menos malintencionados, *The Young Lions* sigue siendo una película efectiva hasta para May Britt y Maximilian Schell. Lo de Brando es tema abierto de discusión. Disfrazado de Sinuhé el egipcio, con una barba espesa y canosa en medio del desierto del Sahara escribiendo sus memorias en un papiro y echando de vez en cuando una mirada hacia las pirámides, cuán memorable momento de gusto por la ridiculez nos quitó el puñetero al renunciar a filmarla. Como la canción, *as you remember this... a sight is still a sight.*

6. *Houseboat* (Melville Shavelson) Cary Grant, Sophia Loren

Melville Shavelson, el director de esta "comedia romántica" entre comillas, había tenido una trayectoria bastante eficaz como escritor y guionista de películas de Bob Hope y Doris Day. Hay que reconocer que gracias a sus intervenciones en *It's a Great Feeling* (David Butler, 1949*), I'll See You in My Dreams* (Michael Curtiz, 1951), *On Moonlight Bay* (Roy Del Ruth, 1951) y *April in Paris* (David Butler, 1952), la Day recibe el empujón definitivo como cantante y actriz. Esta vez, apoyado en un guión original de Betsy Drake, casada en el momento de la filmación con Cary Grant, es cuando Shavelson cree haberle dado la patada a la lata tratando de que la protagonista del film, Sophia Loren, se pareciera a Audrey Hepburn en *Roman Holiday* (William Wyler, 1953). Shevelson logró por medio de sus amistades que *Houseboat* fuera nominada para dos premios de la Academia por un asunto baladí sin grandes vuelos: un viudo con tres hijos precoces trata de entenderlos y de criarlos, necesita ganarse su cariño, contrata a una sirvienta italiana para que lo ayude en tan difícil tarea que en realidad es la escapada hija *socialité* de un famoso músico y acaban enamorándose. *Houseboat,* un regalo para ser visto en familia según rezaba la propaganda, ofrece como verdadera motivación visual la morbosidad de observar detalle a detalle el comportamiento ante las cámaras de Cary Grant y Sophia Loren que acababan de tener un fogoso e inacabado amorío entre bambalinas durante la filmación de *The Pride and the Passion* (Stanley Kramer, 1957). Shavelson observaba, Shavelson confiaba que una reconciliación de la pareja sería el éxito del film, pero cuando llegó el momento de filmar la boda entre el viudo y la italiana, esta hizo un sorpresivo viaje a México y regresó casada con el que fue el amor de su vida hasta que la muerte los separó: Carlo Ponti, que casi le doblada la edad (46 años contra 24), tuvieron dos hijos y la llevó al Oscar en 1961 dirigida por Vittorio De Sica en *Two Women/La ciociara/Dos mujeres.* Shavelson, que tenía más de político que de director de cine, en tres diferentes términos llegó a ser presidente del Sindicato de Escritores para la Pantalla y no volvió a tocar la flauta con ninguna otra película ni por casualidad. *Houseboat,* entre sus desaciertos, no cuenta en la filmografía imprescindible de Grant. En la de Loren sí, porque el público americano la adoró desde su arribo a América, salió tarareando la canción que le cantaba a los niños, aunque ella ganando en exotismo gracias a un elaborado maquillaje perdió la gracia divina y callejera que le regaló el cine italiano, más que nada en aquella película de Dino Risi, *Pane, amore e...* (1955) bailando el *Mambo italiano* con Vittorio De Sica.

Postdata: Cary Grant permaneció casado con Betsy Drake casi sin percatarse desde 1949 hasta 1962 en que se divorciaron.

7. *Cat on a Hot Tin Roof* (Richard Brooks) Elizabeth Taylor, Paul Newman, Burl Ives, Judith Anderson, Jack Carson, Madeleine Sherwood

El regreso de Elizabeth Taylor a los estudios de la MGM después de haber perdido a Mike Todd en un accidente aéreo. Un papel que se le quedó para siempre: Maggie la gata. Y su primera nominación al Oscar junto a la de Paul Newman. Más en esta guerra sin cuartel de una familia con dinero, el patriarca declarado con cáncer fulminante, son los actores secundarios con un apoyo sobrehumano a la Taylor y a Newman los que ponen el drama de Tennessee Williams por las nubes. Palmas para Burl Ives, este fue su año de trabajo intenso incluyendo *Wind Across the Everglades* (Nicholas Ray), *Desire Under the Elms* (Delbert Mann) y *The Big Country* (William Wyler). Palmas para Judith Anderson, como en sus mejores tiempos de teatro cuando interpretaba a Medea y la siniestra Mrs. Danvers en *Rebecca* (Alfred Hitchcock, 1940). Y palmas para Jack Carson, a la altura de su encontronazo con Joan Crawford en *Mildred Pierce* (Michael Curtiz, 1945) así como para Madeleine Sherwood en su casi debut en el cine, porque en *Baby Doll* (Elia Kazan, 1955) apareció sin crédito. Cabe señalar que un tiempo después la Sherwood casi desapareció de la vista del espectador por voluntad propia, enamorada de las luchas sociales, prefiriendo ser activista de los problemas raciales junto a Martin Luther King Jr. En la gata, como en casi todas las obras de Williams si alguien pregunta de qué trata, ¿cuál es el asunto?, el Sur está presente, al igual que la sexualidad retorcida y un elemento social o pseudofilosófico que le da cierto toque atrevido a la pieza, distinción no, porque ninguna de sus obras, salvo *The Glass Menagiere*, la tiene. Aquí es la mendacidad, que Richard Brooks prefirió poner por delante de la sexualidad ya que este segundo tema no estaba del todo claro en la obra. Tennessee Williams nunca tuvo clara la relación de Brick (Paul Newman en el film) con su amigo Skipper (está muerto, se suicidó, no pudo defenderse). Existen por lo menos dos versiones de la obra elaboradas por el propio Williams que fueron estrenadas en Broadway en diferentes períodos. En ninguna es convincente el por qué echarle toda la culpa de la homosexualidad a Skipper, el infeliz que se suicida. Por eso, aunque Williams gritara a voz en pecho que la versión de Brooks, enmascarando o eludiendo el fango que él le ponía siempre a sus obras había hecho retroceder al cine en 50 años, lo cierto es que no hay nada que reprocharle. Sin insistir, sin regodearse en lo homoerótico, Brooks lleva el guión con inteligencia. Sugerida está la relación Brick/Skipper cuando el padre habla de la antigua pareja que vivió en esa casa antes de que ellos llegaran. Y si Maggie fue a ver a Skipper, fue por la más estúpida de las razones de entonces, saber quién era el «pasivo», el que se dejaba montar como un caballito de carreras. Los tiempos de hoy día hacen obsoletos los planteamientos de Tennessee Williams sobre la relación homosexual. No hay repartición de las tareas, sino rotación y diversificación de la actividad según los avances de la civilización dicen los líderes del gremio, donde una gran mayoría levanta pesas y otros ganan medallas olímpicas en rudas competencias. Si la luna está en menguante para uno, la pareja siempre en creciente salva la situación invirtiendo los papeles. Pero como para Maggie la gata, de origen humilde, el dinero es muy importante, Richard Brooks decide puntualizarlo yéndose con acierto por esta tangente. Para quedarse con el dinero de Big Daddy hay que dar un heredero. Y el heredero llega si ella comprueba que su marido es un impetuoso activo, si ella logra que su marido Brick la monte, de la misma manera que probablemente lo hacía con el suave de Skipper. De ponerse a explicar estos detalles como quería Williams, *Cat on a Hot Tin Roof* se hubiera convertido en una verdadera cochinada sin solución, al menos poco convincente. Hoy día cualquier tipo de relación se establece de mutuo acuerdo, no es escarnio y se lucha porque sea reconocida en la sociedad bajo un status legal. Quiere decir, que hoy día Brick y Skipper hubieran sido unos fantásticos deportistas, unos perfectos amantes con la bendición de Big Daddy antes de morir y el dinero que les dejó. Maggie la gata hubiera salido ilesa del divorcio con una buena mesada, o quizás se hubiera hecho de la vista gorda como el personaje de Frances McDormand en *Friends with Money* (Nicole Holofcener, 2006). A *Cat on a Hot Tin Roof,* la obra teatral, le cayeron los años y resulta demodé.

8. *Separate Tables* (Delbert Mann) Deborah Kerr, David Niven, Rita Hayworth, Burt Lancaster, Wendy Hiller, Gladys Cooper, Cathleen Nesbitt, Felix Aylmer, Rod Taylor, Audrey Dalton

Un trabajo de equipo memorable sobre la puesta en pantalla de dos obras de teatro en un acto de Terence Rattingan. El rótulo inicial con el que rompe la primera imagen lo dice todo: *Hotel Beauregard. Bournemouth, Inglaterra. A tres minutos del mar. Cocina exquisita. Mesas separadas.* Y todo ocurre en una ciudad costera del sur de Inglaterra. La mayor parte de la acción se mueve alrededor de esas mesas separadas, pero no distantes, entre desayunos y comidas. El mejor pretexto para que sus actores se cuidaran mucho de no traicionarse entre sí. Deborah Kerr es Sybil, una chica tímida y reprimida sexual controlada por su dominante madre Gladys Cooper, repitiendo lo que años atrás le hizo a Bette Davis en *Now, Voyager* (Irving Rapper, 1942). Rita Hayworth viene en busca de su alcohólico exmarido Burt Lancaster, que a su vez se desalcoholiza el atraso sexual con Wendy Hiller, una madurita mujer dueña del hotel. Cathleen Nesbitt y Felix Aylmer acentúan el toque inglés entre puritanismo, convencionalismos y al final, una actitud mediadora ante los problemas: Como seres humanos que somos tan llenos de debilidades, aquí no ha pasado nada, no se le puede negar el saludo a ninguno de los huéspedes. Porque algo le pasó a alguien y fue a David Niven, el retirado mayor Pollock, centro de la trama. Un David Niven admirable en su corrompida timidez, que hace juego con Sybil, su alma gemela, terrible en su corazón herido cuando se entera que el hombre por el cual ella siente cariño, el mayor Pollock, el único capaz al cual abrirle las puertas de la felicidad, ha sido referido en un periódico local como un reincidente toqueteador de cine. David Niven ganó Oscar por su elaborado desdoblamiento, acompañado de Wendy Hiller en su etérea participación, un regalo de Hollywood para esta actriz inglesa, la otrora Eliza Doolittle de *Pygmalion* (Anthony Asquith, 1938), esta vez a punto de perder a Burt Lancaster que está dubitativo de si volver a los brazos de Rita o quedarse con la comidita segura que le ofrece Wendy. Rita, casi irreconocible en el talento, con los años que comenzaban a caerle encima, mejor apreciada como actriz. Por mucho que el guión de *Separate Tables* tratara de desvirtuar, tergiversar, enmascarar ciertas cosas, el foco central de la historia son esas "ciertas cosas" que están presentes gracias a la actuación de Niven. Terence Rattigan, el autor, era un consumado gay y su personaje del mayor Pollock lo delata. Pollock suele irse a los cines para aprovechar la oscuridad mientras la flema inglesa de aquellas películas con Trevor Howard, Celia Johnson, Ann Todd, Margaret Lockwood le despertaban cierta lasitud y la codicia de comenzar a restregarse el codo con el de al lado, deslizar la mano a algo no mencionado, pero siempre presente si su contrario le seguía el juego porque estaba acostumbrado o peor, una posible víctima aterrada con los indicios de un incipiente bozo en el rostro y se da el escándalo. El papel interpretado por David Niven y gracias a la dualidad con la que el actor se desplaza, es dulce, pero desagradable, y a la vez necesitado más de atención médica que del afecto de los que los rodean en el breve espacio entre mesa y mesa separadas. Porque el mayor Pollock es como sus amigos, cuando en una conversación con Sybil se refiere a ellos, *"birds of a feather"*. Para reafirmar su testarudez le dice a ella que es idéntica a él, muy malsano de su parte porque utiliza a la infeliz para reafirmar sus indecentes hábitos, va a continuar en lo mismo. Un personaje lejos de la lástima, que anda suelto, haciendo gala del dicho español, perro huevero aunque le quemen el hocico y que si alguna ayuda necesita, repetimos, es la urgente de un psiquiatra que lo enfrente a aceptar su verdadera y tergiversada personalidad, no se resista, no lo disfrace, desde niño usted vive dentro de un closet de marfil, pero un closet.

9. *Gigi* (Vincente Minnelli)

Leslie Caron - Gigi
Louis Jourdan - Gastón Lachaille
Maurice Chevalier - Honoré Lachaille
Hermione Gingold (su debut americano) - Madame Alvarez/Mamita
Eva Gabor - Liane d'Exelmans
Jacques Bergerac - Sandomir
Isabel Jeans - la tía Alicia

Con *Gigi* la MGM cierra su período de los grandes musicales de los años 50 y también de su existencia. *Gigi* es una película perfecta. Tan perfecta que recibió nueve Oscar, incluyendo el de la Mejor película del año, el de Mejor director para Vincente Minnelli y el de Diseño de vestuario para Cecil Beaton. Mención especial para Joseph Ruttenberg, Oscar de fotografía en colores. Cada escena de *Gigi* es una esmerada composición recreativa de un acto puramente pictórico y el color es el ingrediente aglutinador. Y hay que dar mil gracias a Vincente Minnelli por el CinemaScope tan bien explotado. Que ninguno de sus actores fuera nominado, no importa, se entiende que sin ellos, sin la magia que cada uno desplegó durante toda la trama, no hubiera sido posible su triunfo arrollador. La Academia siempre se ha caracterizado por ser maniática e injusta. *Gigi* es un guión de Alan Jay Lerner inspirado con todo respeto en la novela del mismo nombre de Colette. Aunque para algunos Lerner se tomó ciertas libertades con la historia, se perdona, no molesta, enriquece la acción la introducción del personaje de Maurice Chevalier/Honoré Lachaille. La música es de Frederick Loewe y la letra de las canciones del propio Lerner. Una historia de mujeres libertinas que con Gigi, eje de la trama, a punto de ser mujer, debe seguir la tradición familiar. *Bon vivant,* la desvergüenza francesa durante los años de la *Belle Époque,* mucho antes de la Primera Guerra Mundial. En Estados Unidos, por buscar sin encontrar un lado débil a este peliculón lleno de hermosas canciones, les dio por decir que representaba el epítome de la vulgaridad (entiéndase sinvergüencería) edulcorada. Si no lo quieren ver, escribieron con saña, Minnelli y comparsa nos han servido en sábanas de seda el sofisticado tema de la prostitución en las altas esferas, entre gente de alcurnia y sangre azul como si en ese medio no tiene por qué ser reprochable. Tratando de evadir en la redacción los términos escabrosos, Gigi viene de una familia de casquivanas de lujo y está siendo educada por la tía Alicia para seguir en lo mismo, los críticos le impregnaron tal poesía a las palabras de infamia, "indulgentes libertinas", que contribuyeron al éxito rotundo. Quien no haya tarareado y hasta saltado con algunas de sus melodías, que corra al psiquiatra, padece de constricciones sexuales. Maurice Chevalier canta *Thank Heaven for Little Girls,* bautizada con los años como el himno de los pedófilos y la que en boca de otros intérpretes ni por asomo ha sonado igual, *I'm Glad I'm Not Young Anymore.* Leslie Caron deslumbra con *The Parisians* y la cámara siguiéndole la pista por los exteriores, porque repetimos, se filmó en París. Gigi, Gastón y Mamita sacan chispas con *The Night They Invented Champagne* en el interior de la casa de Gigi, con paredes rojo tomate, Leslie Caron vestida de azul marino, Mamita de negro y Louis Jourdan de carmelita mostaza en una composición a lo Cezanne. Jourdan/Gastón, bien recibido cada vez que se excede en su dicción francesa, entona *She is Not Thinking of Me* y le sigue el tema *Gigi,* ganador del Oscar a mejor canción no se sabe desde cuántos ángulos y posiciones diferentes, jugando al ritmo de la música. No se sabe, además, cuántas veces Jourdan tuvo que repetir la escena, ¿lo estaré haciendo mal?, hasta que los cisnes de fondo hicieron el nado danzario que satisfizo a Minnelli, qué bien han quedado todos esos pájaros. Un aparte se le confiere al memorable dúo entre Madame Alvarez y Honoré Lachaille, *I Remember it Well,* frente a frente, la cámara en diferentes tomas a la misma altura, un atardecer de fondo que se va ensombreciendo hasta alcanzar el anochecer. Y si la mismísima Colette hubiera estado viva para ver esta versión de su novela de seguro que los aplausos no se habrían hecho esperar. Con qué gusto esa historia de finísimas putas en el París alegre de principios del Siglo XX supo cautivarnos y con qué delicado respeto Vincente Minnelli la llevó al cine con canciones.

Nota: En 1949, Jacqueline Audry dirigió la primera versión de *Gigi* con Danièle Delorme (para los franceses la única Gigi) en el papel estelar y Gaby Morlay como la tía Alicia, diestra en el oficio de embaucar a los hombres de copete, además de un cameo inimaginable de la propia Colette.

10. *The Old Man and the Sea* (John Sturges/Fred Zinnemann) Spencer Tracy

The Old Man and the Sea es la obra de Ernest Hemingway que le coloca el Premio Nobel en las manos. En un principio Humphrey Bogart se mostró interesado en filmarla, pero no vivió para ver realizado el sueño. Su amigo Spencer Tracy cargó con la responsabilidad de ser el viejo Santiago bajo la dirección de Fred Zinnemann, que se desorientó y no pudo cumplir con el proyecto, el cual fue a parar a manos de John Sturges. Peter Viertel había hecho una adaptación fiel, palabra por palabra, de la novela mundialmente citada y poco leída en su totalidad por densa y filosóficamente aburrida en las meditaciones del viejo pescador cubano. La fotografía estuvo a cargo no sólo de James Wong Howe, sino de un equipo de diferentes especialistas formado por Floyd Crosby, Tom Tutwiler y Lamar Boren (responsable de las escenas submarinas). Dmitri Tiomkin elaboró la partitura musical en tonos sinfónicos teniendo a Tracy como único ejecutante. Dmitri Tiomkin se llevó el Oscar en esa categoría. Y con estos altibajos la película tuvo más de un problema en su contra. John Sturges, que venía con una trayectoria de acción reconocida, *The Magnificent Yankee* (1951), *The People Against O'Hara* (1952), *Escape From Fort Bravo* (1954), *Bad Day at Black Rock* (1955) y *Backlash* (1956), no pudo enchufarle agilidad al mastodonte, se le impuso que en vez de exteriores filmara la mayoría de las escenas marinas en tanques con un prefilmado marino de fondo. No se le permitió a Tracy que luchara frente a frente con un pez espada, el coprotagonista de la novela, la razón de ser de la obra. El carácter narrativo con una voz en off del propio Tracy tratando de mantener el rigor de la prosa de la novela es devastador. Y hasta las apariciones de los peces espadas se añadieron de viejos documentales tomados a los mismos frente a las costas de Perú, puros pastiches. No lo digo yo, sino el propio John Sturges: Esta es la película técnicamente más chapucera que hice en mi vida.

Postdata: Hasta Henry King pasó rápido y furioso por la dirección del film.

11. *The Vikings* (Richard Fleischer, director/Kirk Douglas, productor) Kirk Douglas, Tony Curtis, Janet Leigh, Ernest Borgnine

El binomio Douglas/Fleischer volvió a la carga después de la aclamada versión cinematográfica de la novela de Julio

Verne *20,000 Leagues Under the Sea* (1954). *The Vikings* debía superar en acción y en dinero a la anterior. No hubo reparos en construir una auténtica nave vikinga, así como filmar en los paisajes naturales de Noruega con los impresionantes fiords de fondo y todo lo que pudiera dar autenticidad a la historia, desde la ropa hasta los platos de madera donde se comía. *The Vikings* fue bien recibida por la crítica, una especie de ópera escandinava, pero Douglas no quedó satisfecho, nadie se le arrodilló para rendirle pleitesía y descargó su furia con Richard Fleischer, lo culpó de que la noche de los Oscar no compitiera en ninguna categoría, le dejó de hablar. Cegado porque la Academia se negó de nuevo a reconocerlo, Kirk Douglas fue incapaz de medir la popularidad de la película, no se dio cuenta que el público no se amedrentaba porque no fuera premiada y que el éxito engendró luego la serie televisiva *Tales of the Vikings*, dirigida por Elmo Williams, el editor del film. Para evitar susceptibilidades, Williams no quiso en su serie a nadie que hubiera participado en el film. Quien luego se aprovechó de la disputa y del material sin usar en la edición original fue el italiano Mario Bava, que luego los utilizó a manos llenas para la realización de *Eric the Conqueror/Gli Invasori/La furia de los vikingos* (1961) con Cameron Mitchell divirtiéndose de lo lindo con algo cargado de violencia, pero inocuo en el fondo. De *Los Vikingos* queda aún una reconstrucción de época acertada, el despegue de Tony Curtis como verdadero actor de primera fila y la maravillosa construcción de la nave que es muestra de exhibición permanente en uno de los parques de diversiones de Disney en Orlando, Florida.

12. *Auntie Mame* (Morton DaCosta) Rosalind Russell, Forrest Tucker, Peggy Cass, Coral Browne

Vivir es mi deseo, título en español con el que esta película recorrió América Latina, es hilarante, escapista y desmoralizadora. Morton DaCosta, con una larga experiencia en

Broadway, hizo aquí su primer acercamiento al cine como director y hasta como productor de la misma. Dos veces más lo intentó: con *The Music Man* (1962) y *Island of Love* (1963). Rosalind Russell, ELLA, en el cenit de su carrera logra convertir a *Auntie Mame* en la película más taquillera de 1958. Desde los años 30 la Russell batalló por imponerse como una actriz de primera fila y no fueron pocas sus actuaciones memorables: *Night Must Fall* (Richard Thorpe, 1937), *The Citadel* (King Vidor, 1938), *The Women* (George Cukor, 1939), *His Girl Friday* (Howard Hawks, 1940*), My Sister Eileen* (Alexander Hall, 1942), *Sister Kenny* (Dudley Nichols, 1946), *Mourning Becomes Electra* (Dudley Nichols, 1947) y *The Velvet Touch* (John Gage 1948) por citar unas cuantas. Si aún se disfruta *His Girl Friday* es porque simplemente ella esta ahí, *Auntie Mame* es casi su despedida, un tour de force hecho a la medida de una mujer que no cesa de repetir durante los 143 minutos que dura el film: *La vida es un banquete y la mayor parte de los pobres ingenuos se mueren de hambre.* *Auntie Mame* es el preámbulo de una forma de vivir y de mirar la vida que en los años 60 se conoció como el movimiento hippie. La tía Mame es desproporcionadamente abierta de mente, su íntima amiga Vera Charles parece un general de campaña; su secretaria es lela, dejándose seducir sin resistencia, pero se asusta un poquito cuando le crece el vientre y lo peor, que casi mata a la alegre tía, el sobrino de su corazón, al cual ha educado dentro de un mundo de enajenación saludable, no sufras, no llores, anda en cueros si te lo pide el cuerpo y si se te sube un poco la temperatura lo escondes con una pamela, no es lo que ella esperaba. La tía Mame sufre su primera derrota en carne propia. El sobrino, por instinto genético, se inclina al convencionalismo, la sociedad americana es conservadora en sus cimientos y por un momento duda que su filosofía de vivir pueda ser efectiva, aunque se resiste a ceder porque si cede el mundo puede retroceder a la época de las cavernas, a las brujas de Salem, a la letra escarlata. El final de alta comedia que Morton DaCosta logra solo puede valorarse viendo la película. Rosalind Russell recibió su cuarta nominación al Oscar y Peggy Cass como la secretaria también fue incluida en la lista de las secundarias. Le faltó un tilín para ser declarada la mejor película del año, pero frente a *Gigi,* sin comentarios, la batalla estaba perdida.

Nota de pésame:

La critica americana omitió en 1958 una serie de películas con más valores cinematográficos que las incluidas en las doce anteriores. Este fue un año decisivo en el cine donde no podemos dejar de mencionar tres títulos imprescindibles: *Vertigo* (Alfred Hitchcock), *Touch of Evil* (Orson Welles) y *Bonjour Tristesse* (Otto Preminger). Ninguna de las tres va a ser discutida aquí porque sobran las referencias. Sin embargo, contra todos los pronósticos, la favorita de la juventud de entonces fue una película que a través de los años, por la propia vejez que nos llega con ciertas reminiscencias del ayer o porque necesitamos de cierta dosis de flexibilidad romántica, se crece y sus actores parecen aún más brillantes que entonces, en especial Christine Carère en su debut americano a todo CinemaScope y la sofisticada Joan Fontaine con la clase justa para el papel que interpretaba, hay un movimiento de mano con la Carère casi al final que le sale del corazón, cuánto lo siento querida, como para decir: Esta señora dejó huellas. Nos referimos a *A Certain Smile* (Jean Negulesco). Algunos la fijan por la canción tema y a su intérprete Johnny Mathis. Dejamos abierta la curiosidad.

Las películas más sobresalientes de
1959

1. *Ben-Hur* (William Wyler) Charlton Heston, Stephen Boyd, Jack Hawkins, Haya Harareet, Hugh Griffith, Martha Scott, Sam Jaffe, Cathy O'Donnell, Finlay Currie

En 1880, Lew Wallace, que sirvió como general de la Unión durante la Guerra de Secesión, publicó *Ben-Hur: A Tale of the Christ*, una famosa novela de tema bíblico durante los comienzos del cristianismo. Quiere decir que esto ocurrió mucho, mucho antes que el polaco Henryk Sienkiewicz publicara su epopeya cristiana *Quo Vadis (*1896) ambientada en la Roma de Nerón y ganara en 1905 el premio Nobel de literatura. Antes de la versión cinematográfica de 1959, *Ben-Hur* fue llevada al cine dos veces: en 1907 en un solo rollo y en 1925 por la MGM en lo que constituyó la película muda más costosa de la historia del cine, a un monto de casi cuatro millones de dólares. *Ben-Hur: A Tale of the Christ* fue dirigida por Fred Niblo con Ramon Novarro y Francis X. Bushman en los papeles principales de Ben-Hur y Messala respectivamente. Las escenas navales fueron filmadas en Italia con un total de 48 cámaras para una sola escena, récord para su época. Para la carrera se utilizaron 42 cámaras y 62 asistentes de dirección entre los que se encontraba el joven William Wyler. Para las escenas religiosas, la entrada de Ben-Hur a Roma y algunos interiores se empleó el Technicolor. Y los fanáticos de las trivias mueren durante la escena de la carrera por descubrir entre el público colmando los estrados a Gary Cooper, Clark Gable, Joan Crawford y Myrna Loy. El *Ben-Hur* de William Wyler, otra vez filmado a la sombra de la MGM, es un espectáculo que arrasó con once Oscar. Y a pesar de la religiosidad del tema, nunca un actor principal, Charlton Heston en este caso, había destilado y provocado tanta sexualidad inconsciente o premeditada. Parece que inconsciente, según las memorias de Gore Vidal, porque él como guionista se adjudicó toda la maldad carnal que destilaba el joven y bien formado Ben-Hur sin que Heston se diera la menor cuenta de que lo estaban utilizando. Hasta el Messala de Stephen Boyd había recibido secretas instrucciones de mirarlo sediciosamente, no en sentido militar sino el inmoral y poco ético que las costumbres de cualquier época desaconsejan, no te dejarás pervertir en las redes del placer placentero y lisonjero por alguien de tu mismo sexo. Nada nuevo si se tiene en cuenta que en la versión de 1925, Ramon Novarro tiene su tinte carmesí en los labios y Francix X. Bushman se babea por besarlo y como no puede, como no se atreve a cruzar la línea, lo mete preso, que lo hundan por el resto de la vida en una galera y... destino, todo sucede de tal manera que en la nueva versión Jack Hawkins, salvado de las aguas por Ben-Hur, lo mira desde los pies a la cintura, fija sus dimensiones en la memoria y decide adoptarlo o adaptarlo a sus maneras, y como no puede o Charlton Heston sigue en su inocencia sin sospechar lo que se cocina a espaldas suyas, le otorga el benemérito nombre de hijo quedando como un judío protegido de un alto prelado del imperio romano. De aquí en adelante Jack Hawkins no pudo desprenderse del personaje y todas sus subsiguientes actuaciones estuvieron dotadas de una dualidad sospechosa, lenguaje de mudos. Verlo nada más en *Five Finger Excersise* (Daniel Mann,1962), *Lawrence de Arabia* (David Lean, 1962) y *The Third Secret* (Charles Crichton, 1964). A pesar de que *Ben-Hur* fue la primera película de tema religioso dirigida por Wyler y aunque no logra opacar la versión silente, insistimos que es un espectáculo en grande, que atrapa, que deja repetirse anualmente cada vez que la pasan en televisión por Semana Santa o en las Navidades, aunque sea, como dice mi hermana, por las rodillas y la mandíbula de Heston, un tiburón al acecho, actor de mucho público que corría a verlo no importa de lo que tratara el film, que si es religioso siempre va estar bien, más que bien si se trata de *Ben-Hur*, donde la carga sexual se agiganta con los años. Lo que antes era la sombra de una duda, con la mirada de los tiempos nuevos es una evidencia.

2. *The Nun's Story* (Fred Zinnemann) Audrey Hepburn, Peter Finch

Contra la opinión de muchos, esta no es la mejor actuación de Audrey Hepburn, no importa la nominación al Oscar recibida. Se puede afirmar que la Hepburn, de naturaleza encantadora, con su aire tierno de asustada gacela, siempre estuvo bien. Pero si de recordarla se trata, al unísono la respuesta es: por *Roman Holiday* (William Wyler, 1953), *Sabrina* (Billy Wilder, 1954), *Love in the Afternoon* (Billy Wilder, 1957), *Funny Face* (Stanley Donen, 1957), *Breakfast at Tiffany's* (Blake Edwards, 1961) y *My Fair Lady* (George Cukor, 1964) que dejan muy mal parada la no menos meritoria labor de esta monjita belga, asistente de cirugía en el Congo que al final, ante el avance del fascismo y la Segunda Guerra Mundial de por medio renuncia al hábito. Inspirada en la novela del mismo título, Hollywood decidió poner su pequeña carga erótica entre la monja y Peter Finch en su papel de médico. Nada nuevo porque no llegó a superar con creces el hostigado interés de David Farrar por Deborah Kerr en hábitos, con la India como escenario natural en *Black Narcissus* (Michael Powell y Emeric Pressburger, 1946). Ni hablar de Robert Mitchum en una isla infestada de japoneses en el Pacífico, el cerebro hecho agua por causa de otra monja, la misma Deborah Kerr con diferente vestimenta en *Heaven Knows, Mr. Allison* (John Huston, 1957). Si por cuestión de fe se trata, los problemas de esta monja están muy lejos de los enfrentados por Sor Juana Inés de la Cruz, la peor de todas; o de Santa Teresa de Jesús que llegaba a levitar en medio de éxtasis religiosos. Si algo curioso tiene *The Nun's Story* es el reparto de apoyo, una legión de lobos que va haciendo aparición uno tras otro para dejar constancia de su empuje: Dame Edith Evans, Dean Jagger, Peggy Ashcroft, Mildred Dunnock, Beatrice Straight, Patricia Collinge, Colleen Dewhurst, Niall MacGinnis y Barbara O'Neil. Sin embargo, repetimos, cualquier cinta donde aparezca Audrey

Hepburn es un cheque al portador, así sea la mismísima y repelida *Green Mansions* de este mismo año 1959 dirigida por su primer marido Mel Ferrer, con localizaciones naturales en una región exótica de Venezuela cerca del Orinoco y parte de la música, una rareza, del compositor Heitor Villa-Lobos.

3. *Porgy and Bess* (Otto Preminger) Dorothy Dandridge, Sidney Poitier, Pearl Bailey, Sammy Davis Jr.

Desde su gestación, *Porgy and Bess* fue una película llevada por la mala. Y quizás por eso algunos cinéfilos la quieren tanto, cantan a voz en pecho *"hoy estoy pensando que tal vez existas, está de fiesta la imaginación"*, retirada de circulación por mucho tiempo. Esta especie de ópera americana creada por George Gershwin, con extraordinarias canciones, no deja bien parados a los negros que dan vida a *Porgy and Bess* en un ambiente de bajo mundo lleno de vagos y pícaros. Samuel Goldwyn primero contrató a Rouben Mamoulian para su filmación, responsable del estreno de la obra en Broadway en 1935, pero Mamoulian quiso escenarios naturales y todo el costoso montaje fue abajo en un incendio y con él, Mamoulian. Goldwyn recurrió, creyendo dar el mismo palo artístico que causó *Carmen Jones*, a su director Otto Preminger para que le sacara adelante el proyecto. A la hora de seleccionar a los actores comenzaron los problemas. Harry Belafonte, mulatico claro que trataba de ganarse a toda costa la comunidad negra, rechazó el rol de Porgy. Cab Calloway se negó a interpretar a Sportin' Life, un cocainero, un vendedor de drogas, demasiado estereotipado dijo, después que tantas veces lo subió a Broadway. Ahora, debido al creciente auge de los movimientos civiles, Calloway le sacaba a relucir las excrecencias racistas que los abanderados de los derechos civiles le imputaban a la obra y no quería desteñirse. En otras palabras, en *Porgy and Bess* se ríen de los negros, me niego a participar en la bufonada. Por su parte, Pearl Bailey aceptó siempre y cuando no la vistieran folclóricamente que diera el aspecto de una mona. Sidney Poitier fue otro que aceptó forzado por las circunstancias, él aparecería en *The Defiant Ones* (Stanley Kramer, 1958) siempre y cuando hiciera de Porgy. El caso de Sammy Davis Jr. fue todo lo contrario, él quería participar a como diera lugar, no estaba en ná. La mujer de Preminger se negó a que lo incluyeran por mal hablado, falta de respeto y crápula, pero Sammy se buscó a su amigo Frank Sinatra, y Sinatra a sus amigos de la Mafia, y la Mafia obligó a que le dieran el papel de Sportin' Life que como auténtico crápula que era lo sacó adelante con magia, dinamismo, y sobre todo naturalidad porque lo llevaba en la sangre. Lo de Dorothy Dandridge fue un tanto diferente. Rota la relación con Preminger, su amante, acababa de abortarle y estaba en crisis. Con una hija incapacitada, culpa según ella de su primer esposo, tenía sucia la sangre, creó aversión sexual hacia los de su misma raza y se erizaba cada vez que tenía que hacer una escena de amor con Poitier, demasiado retinto. El colmo fue lanzar la película en el sistema de pantalla ancha Todd-AO y 70 mm que no podía llegar a todos los cines, sino aquellos pocos con las condiciones creadas. *Porgy and Bess* se puso ella misma la soga al cuello. Fue el último invento de Samuel Goldwyn que después de su estreno casi la tuvo durante 17 años en veda: Si no hay Todd-AO con sus 70 mm no hay *Porgy and Bess*. Peor lo que sucedió después de su muerte. Los derechos de la película pasaron a la familia de Gershwin y esta la retiró de exhibición por considerarla un sacrilegio al original donde se mutiló parte de la música, se refinó gramaticalmente el lenguaje grosero y de orilla del que el autor se sentía orgulloso, un testimonio semántico digno de preservar y que engrandecía al populacho negro, además de haberle cambiado el concepto operático a la obra por el de un musical estilo Broadway: *Porgy and Bess* es un punto culminante en la obra de Gershwin y de la música norteamericana, eso no se puede permitir, cojones, dijeron así de clarito, como si imitaran a Sammy Davis Jr. Cierto que sus melodías han penetrado el dominio popular.

Y entre ellas, su *Summertime* ha recibido miles de interpretaciones, con fabulosas versiones de los negros Billie Holliday, Ella Fitzgerald, Mahalia Jackson, Louis Armstrong, Aretha Franklin, Chaka Khan, Nina Simone, Whitney Houston, hasta las nuevas Fantasia Barrino, Jennifer Hudson, Leona Lewis, J. Lane't y Beyoncé. Por el lado de los blancos desde Frank Sinatra, Jeff Coates, Thierry, Kiri Te Kanawa, Mina, Mariza, hasta Celine Dion. Y entre las de leyenda y culto está precisamente no la de un cantante negro, sino la de Janis Joplin, que la desguazó con sentimiento y heroína. Hasta el momento, *Summertime* tiene registradas unas 17,500 versiones. En la actualidad, porque las peticiones crecen y llueven las demandan, *Porgy and Bess* es una película rehabilitada que por muchos motivos todavía no debe ser juzgada, sino hasta que vuelva a la pantalla grande para la que fue concebida y ver allí como la trató el tiempo, dejando de llorar quimeras por aquello de que solamente la vimos una vez. Y éramos tan jóvenes entonces.

Nota: Lo terrible de esta, la gran ópera americana, es que Porgy es un vagabundo lisiado que desanda en una carretilla arrastrada por un chivo y se muere de amor por Bess que es una porfiada drogadicta. Una trama sórdida.

4. *Some Like It Hot* (Billy Wilder) Marilyn Monroe, Tony Curtis, Jack Lemmon. Y el apoyo invaluable de George Raft, Joe E. Brown, Pat O'Brien, Nehemiah Persoff, Mike Mazurki

Hasta el momento la mejor de las comedias americanas, muy por encima de *Arsenic and Old Lace* (Frank Capra, 1944), *The Lady Eve* (Preston Sturges, 1941) y *The Awful Truth* (Leo McCarey, 1937). La primera en mandar a bolina el Código Hays y sacarlo de la circulación. Los frenéticos años 20, la masacre de Chicago el día de San Valentín, las playas de Miami Beach, las orquestas de mujeres liberadas, la ley seca y sexo. Esta es una comedia de sexo, de tergiversación del sexo, de exagerarlo, de admitirlo a como dé lugar, vamos a reírnos de la moral y los convencionalismos sociales. Cuando se sale del cine uno se siente con una carga menos y una mentalidad más amplia en medio de tanta risa: Que cada cual haga lo que le dé la gana con quien sea y a como sea. Pero señores, tengan cuidado al lanzarse porque uno no es ni Marilyn Monroe, ni Tony Curtis, ni Jack Lemmon y menos aún el millonario Bocaza (Joe E. Brown) cuyo dinero le permite cualquier excentricidad, es decir, hacer el amor platónicamente (según el punto de vista filosófico del griego Platón) jugando por la espalda. *Algunos prefieren quemarse* es un *remake* que parte de la película alemana *Fanfaren der Liebe* (Kurt Hoffmann, 1951) y cuyo guión fue escrito por Michael Logan con la colaboración del propio Wilder, llenándolo de gángsteres. El doble sentido de los diálogos es fuerte, pero con una filosofía práctica de cómo debe llevarse la vida. Tú no eres una chica, le recrimina Tony Curtis a Lemmon, tú eres un chico. ¿Por qué a un chico le tiene que dar por casarse con otro chico? Lemmon responde escuetamente: Seguridad. Y si los varones andan al garete, sueltos, encantadores cuando se visten de mujer, es la señora de Arthur Miller, la tan vituperada Marilyn Monroe quien deja con la boca abierta al público con un millaje insuperable de buena comediante y extraordinario, no sex appeal, sino derroche de sexo que aunque entrada en ciertas libritas, Billy Wilder le manda a confeccionar un vestuario donde por delante las tetas se le bambolean y por detrás casi le vemos el huesito de la alegría. El momento en que Sugar Kane canta *I Wanna Be Loved by You* es tan de orgía y sofocación que el entonces novato en política llamado John F. Kennedy al verla sufrió tres erecciones y se juró que si llegaba a presidente esa rubia le apagaría la velita el día de su cumpleaños. En 1976, en Bollywood, la India hicieron su propia versión con el título de *Rafoo Chakkar* (Narender Bedi) con los populares Rishi Kapoor, Paintal y Neetu Singh. El público hindú aceptó por primera vez en la pantalla el travestismo, la desaforada picardía sexual dentro de su propia sociedad y el amor homosexual. Ellos también entraban en la moda de la mente y las puertas del closet abiertas. *Some Like It Hot,* la insuperable, fue filmada en blanco y negro porque las pruebas de color le daban tintes verdes espantosos a los rostros con exceso de maquillaje de Curtis y Lemmon. Sabia decisión de Wilder, un alemán nacido en Austria-Hungría con pésima pronunciación del inglés pero con un sabio conocimiento del cine americano (el que lo hizo grande) como entretenimiento y obra de arte a la vez.

5. *Pillow Talk* (Michael Gordon) Rock Hudson, Doris Day, Tony Randall, Thelma Ritter

Pillow Talk constituyó la gran sorpresa de 1959, el redescubrimiento de la comedia americana con suaves ademanes eróticos para un público paquidérmico, la fantástica dote de comediante de Doris Day en química perfecta con quien todos creían un maniquí exento de gracia, el señor Rock Hudson. Después de este éxito, la Day y Hudson filmaron dos comedias más y la taquilla los ranqueó como estrellas de primera clase, les gustara a quien les gustara. Doris Day no era solo una de las grandes cantantes americanas con una dicción fuera de serie, sino una actriz capaz de ser nominada a un Oscar como sucedió con *Pillow Talk*. A Rock Hudson le importó poco lo que dijeran de él porque hasta en Broadway probó fortuna con suerte. Y todo gracias a Douglas Sirk, el director alemán que lo había manejado a su antojo en ocho películas, como si fuera un Golem hasta lograr hacerlo actuar. Y ahora Michael Gordon, un director aparentemente desconocido le sacaba ribetes de gran comediante sexy. La escena de las dos bañeras, con Rock Hudson en la suya estirando la pata y moviendo los dedos de los pies llenos de espuma es de alto voltaje con buena descarga de adrenalina por parte del público de ambos sexos. Pero el aparentemente desconocido Michael Gordon no era tal desconocido sino un apestado director de cine a causa de su afiliación comunista durante el macartismo y puesto en la lista negra sin opción de volver a dirigir. Uno de sus pequeños films B de aquel período, *Woman in Hiding* (1949) tiene un momento desconcertante: El magnético Stephen McNally cree haber matado a Ida Lupino, su esposa, en una cacería de gato y ratón en las alturas de un almacén en penumbras. A punto de matar también a Howard Duff que anda detrás de él, escucha la voz de la Lupino y es tal la mirada congelada de terror al oír aquel sonido que viene de entre los muertos que cae al vacío. Años más tarde con cierta semejanza, donde los fantasmas juegan un papel de ultratumba, le ocurre a Kim Novak en *Vertigo* (Alfred Hitchcock, 1958) que también desciende al averno. Fue el productor Ross Hunter quien le pidió a Gordon después de varios años confinado contra su voluntad en Australia que le dirigiera esta comedia para lanzar por lo alto a Doris Day y a Rock Hudson porque él sabía que la rubia pollito de frígida no tenía un pelo y que el mastodonte de Hudson era en su vida privada un empedernido seductor, de hombres, pero empedernido de verdad. Un reto difícil en la carrera de Gordon: volver a las cámaras y con un género que él no dominaba, el de la risa o la sonrisa, con algunas canciones de por medio. De aquí que sus biógrafos dividan su filmografía en dos etapas, antes y después de *Pillow Talk*. En la primera, llena de películas de acción, *films noir* y melodramas, brillan casi todas. Por recordar mencionemos *The Web* (1947), *Another Part of the Forest* (1948), *An Act of Murder* (1949), *The Lady Gambles* (1949), *Cyrano de Bergerac* (1950) y *The Secret of Convict Lake* (1951). Este muchacho judío de la clase media que había estudiado drama en Yale, en su segunda etapa y en un intento de retomar la acción y el tinte negro realiza la mal recibida (injustamente) *Portrait in Black* (1960), lo que lo hace regresar al mundo de la comedia, quizás lo único provechoso que sacó después que lo pusieron en la lista negra. *Pillow Talk* se alzó con cinco nominaciones al Oscar y se llevó el premio al mejor guión escrito directamente para la pantalla. Un triunfo inimaginable.

Nota: Thelma Ritter, hermosa de temperamento, recibió su quinta nominación al Oscar secundario. Nunca lo alcanzó de seis veces en la jugada.

6. *On the Beach* (Stanley Kramer) Gregory Peck, Ava Gardner, Fred Astaire, Anthony Perkins, Donna Anderson

Según Pauline Kael, esta película será recordada por muchas cosas, menos por buena. Y otra vez la cronista del The New Yorker fue demasiado severa, sentenciosa y todo por lograr hacerse la bruja de Blancanieves, la dominatriz de la crítica, papel que desempeñó por muchos años, si Flaubert es Madame Bovary, yo soy el cine, yo soy su ley. Basada en la novela de Nevil Shute, Stanley Kramer se propuso realizar una película antiguerrerista llena de innegable afecto con personajes sencillos. El mundo vivía un período de suspenso conocido como Guerra Fría, proliferaban los espías como profesión de moda. La trama está situada en 1964 y ha ocurrido una guerra nuclear mundial provocada por alguna potencia o un mero accidente que no viene al caso discutir. Los únicos sobrevivientes se encuentran en Australia y en cuestión de pocos meses una nube radiactiva impulsada por vientos diabólicos, ¿por qué Dios lo permite? les llegará inevitablemente. ¿Para qué preocuparse de a dónde ir si todo ha sido contaminado? Ellos también morirán. Cinco personajes se encargarán de enfrentar, confrontar, desnudar en ese tiempo la razón que tenían para vivir impregnando al film de seudofilosofía barata y manipuladora, apoyado por el recurso de la música para estrujarle el corazón al más insensible. Con esa intención premeditada Kramer utilizó la archiconocida melodía *Waltzing Matilda*, el himno no oficial de los australianos, enormemente pegajosa y elegíaca. Quien quiera recordarla, con infinidad de versiones por infinidad de intérpretes puede buscarla en You Tube y les recomiendo que tengan un pañuelo a mano. Y esa manipulación tan directa le quita una estrella de las cinco a que aspiraba el film. No importa la excelente actuación de Fred Astaire en su primer rol dramático, embullado por el éxito de Frank Sinatra en *From Here to Eternity* (Fred Zinnemann, 1953). Ni Anthony Perkins controlando sus maniáticos tics, es un hombre casado que debe aceptar la decisión de su esposa, la efectiva Donna Anderson, de tomarse las píldoras del tranquilo sueño antes que la radiactividad los deforme poco a poco, incluyendo al hijo de ambos. Gregory Peck engolado, pretencioso en su papel, renuncia a morir junto a Ava Gardner. Su dignidad le obliga a llevar a los Estados Unidos a la tripulación del submarino que sobrevivió a la catástrofe, a sabiendas que los familiares fueron hechos polvo. Y Ava Gardner, aquí le quitamos otra estrella a la película, es una María Magdalena alcohólica que el amor regenera; el mensaje religioso que no podía faltar en la película. Dicen que leer no es igual que ver y la novela de Nevil Shute comienza con el exergo de T.S. Eliot, *"Esto es como el mundo termina, no con un ruido, sino con un quejido"*. *On the Beach* la película, para no quedarse atrás, sí cierra con broche de oro, la cámara paseándose por una ciudad deshabitada, todo el mundo parece que se murió en su cama y se congela en un letrero que reza: Todavía hay tiempo... hermano. La dejamos ampliamente con tres estrellas, pero en el fondo de un baúl.

7. *Compulsion* (Richard Fleischer) Dean Stockwell, Bradford Dillman, Orson Welles, Diane Varsi

En 1924, dos estudiantes millonarios de la Universidad de Chicago con un elevado cociente de inteligencia mataron a un adolescente de 14 años de edad, Bobby Franks, inspirados en la teoría del superhombre de Federico Nietzsche. Su fría y calculada acción se basó en cometer el crimen perfecto. Gracias a Clarence Darrow, un obsesivo abogado en contra de la pena de muerte, Leopold y Loeb, como se conoció mundialmente el caso, salvaron sus vidas y recibieron cadena perpetua. En 1948, este evento macabro sirvió de inspiración a Alfred Hitchcock para su película experimental *Rope*, la primera que realizó en colores donde cada escena se filmó sin interrupción durante 10 minutos, tiempo que duraba el rollo. *Rope* fue una película explícitamente no recomendada para menores de edad por su latente homosexualidad y su sugerido diálogo sobre la exaltación de la violencia. Richard Fleischer, un enamorado del CinemaScope retomó la historia con más fidelidad, pero tuvo que cambiar los nombres de Leopold y Loeb por Steiner y Strauss, ya que Nathan Leopold todavía en condena amenazó a la 20th Century Fox con una demanda por invasión de su privacidad. Loeb había muerto en prisión a manos de su compañero de celda que lo degolló con una cuchilla de afeitar mientras se bañaban. Más que compulsión, el tema de la película inspira repulsión porque el público sabe de antemano que ambos pervertidos no recibieron la pena de muerte. Y todo gracias a Orson Welles/ Jonathan Wilks con sus grandes dotes y recursos de un actor que supo siempre cómo meterse al público (en este caso el jurado) en el bolsillo. Y aquí, falto de dinero urgente, aceptó el papel inspirado en el abogado Clarence Darrow, lo disfrazó de alcohólico para darle más carácter, trabajar la voz, la mirada, los silencios injustificables. Es la aparición de Welles hacia más allá de la mitad de la película quien levanta el film y lo cierra con expresiones de "excelente" y "magnífico". Su monólogo final en contra de la pena de muerte está considerado el más largo en la historia del cine, aunque los últimos 20 segundos se reeditaron palabra a palabra porque Orson, indignado de que el sheriff de la ciudad le interviniera su dinero por lo que le debía al fisco, huyó, no sólo del set de *Compulsion* sino de Estados Unidos. En el Festival de

Cannes de 1959, Dean Stockwell, Bradford Dillman y Orson Welles, los tres recibieron premios a mejores actores. Con los años, el verdadero Nathan Leopold recibió conmutación de su pena y viajó a Puerto Rico donde murió a los 66 años de un ataque al corazón. En 1992, Tom Kalin realizó *Swoon* con los desconocidos Daniel Schlachet y Craig Chester dándole una óptica de completa homosexualidad al caso Leopold y Loeb, llena de imaginería y sueños, pretenciosa para algunos, considerado uno de los primeros films en abrir el Nuevo Cine Gay. En el 2002, Barbet Schroeder filmó una parodia con agilidad y suspenso, *Murder by Numbers,* teniendo a Sandra Bullock de investigadora y a Ryan Gosling y Michael Pitt como los superhombres malévolos que matan en este caso a una chica. *Compulsion* afianzó a Richard Fleischer como un director de mucho oficio y seriedad. Centra el nudo de la película sobre los perdidos espejuelos de Loeb cerca del lugar donde dejan el cadáver, de confección tan especial que sólo había tres en Chicago. El poster del film utiliza ese elemento para incitar a los espectadores. Y Jonathan Wilks/Orson Welles cierra con tono agorero: *"En los años por venir, ustedes se podrán encontrar preguntándose a sí mismo si es que no fue la mano de Dios quien dejó caer esos espejuelos. Y si él no lo hizo, ¿quién fue?"* Como queriendo decir, es él, Dios propio quien nos puso este crimen en las manos para que nos opongamos a la pena de muerte. El gusto le sobraba a Fleischer.

8. *The Diary of Anne Frank* (George Stevens) Millie Perkins, Joseph Schildkraut, Shelley Winters, Ed Wynn, Richard Beymer

Después de terminada la Segunda Guerra Mundial, Otto Frank, de regreso a Amsterdam, encontró el diario de su hija Ana en el lugar donde vivió escondido con su familia desde 1934 hasta 1944. Ana Frank fue una adolescente judía que murió en el campo de concentración de Bergen-

Belsen. El diario fue publicado en casi todos los idiomas y no hay persona que no sepa quien fue esta chica. Frances Goodrich y Albert Hackett hicieron una adaptación teatral de mucho éxito y George Stevens decidió filmarla. La elegida fue la novata Millie Perkins, chica de 21 años de edad cujeada en el mundo del modelaje, que nunca pudo dar la imagen que los espectadores tenían del rostro frágil de Ana Frank a través de una fotografía ultradivulgada en la prensa. A simple vista, Millie Perkins era una Ana Frank muy bien alimentada. El resto de los actores, algunos con larga experiencia en el cine y otros en teatro se esforzaron por darle vida a un fantasma etéreo, una célula sin núcleo en lenguaje científico. Un tema que Hollywood no debió tocar porque pedía a gritos neorrealismo, algo que Rossellini manejó a la perfección en *Alemania, año cero* (1948). Millie Perkins no triunfó, nadie la recuerda aunque aparezca de vez en cuando en cualquier inserción pasajera, por ejemplo *The Lost City* (Andy García, 2006). Joseph Schildkraut, que arrastraba con aplausos el Judas homoerótico de la versión muda de *King of Kings* (Cecil B. DeMille, 1927) dándole otra lectura al personaje del traidor, no fue mencionado para nada, a pesar de que Schildkraut (el padre de Ana) ya tenía a su haber un Oscar secundario por el papel de Alfred Dreyfus en *The Life of Emile Zola* (William Dieterle, 1937). Shelley Winters como la señora Petronella Van Daan se llevó el Oscar secundario porque le sobraban oficio y mañas. Y Ed Wynn perdió por estrecho margen contra Hugh Griffith. *El diario de Ana Frank* se convirtió en un libro obligatorio de lectura para adolescentes. La obra de teatro es un ejercicio de poesía. Y la película, dentro de la lista de George Stevens, un verdadero chasco. La idea de los terribles días de encierro de Ana, al mismo tiempo que se abría como una flor en primavera truncada en un campo de concentración, muere de tifoidea días antes de la liberación, es una imagen que muchos prefieren guardarla mentalmente o en el corazón, nunca a través de la pantalla. En el 2009, la BBC de Londres televisó una miniserie inspirada en el mismo diario de Ana Frank. La dirección estuvo a cargo de Jon Jones y el papel de Ana cayó en las manos de Ellie Kendrick, alrededor de los 18 años entonces. Aclamada la miniserie por su fidelidad en la ambientación y la calidez de las actuaciones, todo el mundo concluyó que la selección de Kendrick fue justa, certera y visionaria. Sin embargo, ningún film podrá superar el terrible encanto del libro porque diario que se devela, compromiso de intimidad e imaginación creada por el lector que se pierde para siempre, como la inocencia.

9. *Anatomy of a Murder* (Otto Preminger) James Stewart, George C. Scott, Lee Remick, Ben Gazzara, Eve Arden, Arthur O'Connell, Joseph N. Welch, Kathryn Grant

Anatomy of a Murder inicia junto a *Some Like It Hot* (Billy Wilder, 1959), *Suddenly, Last Summer* (Joseph L. Mankiewicz, 1959) y *Psycho* (Alfred Hitchcock, 1960) el período de Hollywood donde el cine, franca y abiertamente echa abajo el Código Hays en cuanto a hablar de sexo y violaciones sin tapujos se refiere. Aquí las palabras eyaculación, semen y sus huellas en un blúmer roto son piezas importantes en el juicio que se lleva a cabo. Lee Remick descaradamente provocativa es la violada y Ben Gazzara su marido, que busca desesperadamente a Susan, perdón, a James Stewart para que lo defienda por haber matado al hombre que tomó por la fuerza a su chica. Esta pareja de delincuentes despide olor a tufo por dondequiera, pero el pobre Stewart acepta el reto, gana el juicio y a la vez sale mal parado en un final inesperado. Película que cuenta a su favor con un elenco de eficaces secundarios divirtiéndose a chorros (vigilen a Eve Arden y a Arthur O›Connell), sorprendentes créditos por el minimalista Saul Bass y la música de Duke Ellington, quien aceptó un cameo como dueño del restaurante donde la Remick se encuentra con Stewart para contarle cómo fue que la ultrajaron y los medios que empleó el occiso para consumar el acto sin que ella tuviera chance de defenderse y sin que al menos la amarraran de pies y manos, lo que haría más fácil la defensa. Basada en un hecho real y filmada en locaciones, Preminger quiso impregnarle naturalidad al film utilizando ciudadanos corrientes y no actores como miembros del jurado. Y convenció a Joseph N. Welch, un juez verdadero, para que desempeñara su oficio en el film. Welch estaba de moda por haber acosado a Joseph McCarthy durante la campaña anticomunista que este último desató en el mundo de Hollywood. ¿Tiene usted algún sentido de la decencia, señor? le preguntó Welch a McCarthy, a fin de cuentas, ¿no le queda a usted ni un ápice? Lo más simpático del caso es que Welch aceptó ser el juez siempre y cuando su mujer fuera miembro del jurado y allí está ella formando parte del *team,* dejándose convencer emocionalmente por los argumentos erróneos de Stewart sobre Ben Gazzara, el marido al cual nunca le pidieron que se masturbara para analizarle el semen, que pudiera ser de él y no del infeliz muerto, cualquiera sabe si este matrimonio descarriado quería darle la cañona y entre pitos y flautas en medio del pastel cumplimentar con la aberración de sodomizarlo. La desvergonzada cara de Gazzara lo decía todo. Y aunque algunos se asusten de estas elucubraciones, *Anatomy of a Murder* sugiere tanto como eso y mucho más. El conjunto es un divertimento a veces largo, de 160 minutos, que llegó para quedarse como una de las películas de juicio más importantes dentro del cine americano.

10. *The Fugitive Kind* (Sidney Lumet) Marlon Brando, Anna Magnani, Joanne Woodward, Victor Jory, Maureen Stapleton

Orpheus Descending es una obra de teatro de Tennessee Williams reelaborada a partir de *Battle of Angels* que en

1940 tuvo poco o ningún éxito. Estrenada en Broadway en 1957 con Maureen Stapleton y Cliff Robertson en los papeles principales, tampoco fue bien recibida. Y eso que estaba cargada del trasnochado aderezo con el cual Williams sazonaba sus obras: sexo desbordado y malformado, represión, soledad, deseo, racismo, simbolismo y más que nada, la pizca de alta cocina con afectados diálogos poéticos. El cine se interesó en filmarla y Sidney Lumet fue elegido como su director. Lo primero que hizo fue eliminar a Cliff Robertson, porque Brando estaba mejor dotado en la ambigüedad del personaje. Y ni discutirlo porque él era el hombre en la piel de víbora cuando Lady/Anna Magnani le pregunta: ¿Tiene usted alguna experiencia como vendedor?. Val/Marlon le responde, sólo él era capaz de entonar de forma rebuscada esa respuesta: Toda mi vida yo me la he pasado vendiendo algo a alguien. Entablándose así un duelo de titanes y de *close-ups* entre los dos que se contaban y debatían los primeros planos. Maureen Stapleton tuvo que cederle su rol a la Magnani porque ella era una buena actriz de escenario, pero incapaz de lanzar fuegos uterinos a través de la pantalla, juego fácil para la italiana que lo llevaba a flor de piel y en la cual Tennessee confesó haberse inspirado cuando reescribió la obra. Val Xavier/Brando es Orfeo que desciende a un pueblucho del profundo Sur y se encuentra con Lady Torrance (los nombres de los personajes en las obras de Williams son dignos de celebrar, siempre en la línea entre lo sublime y lo ridículo) una mujer vendida por su padre al malvado Jabe M. Torrance, que contrata a Val para una cosa y quiere utilizarlo para otra adicional, más reconfortante, pero sin paga. En ese jaleo Lady queda embarazada y siente que la vida perdida hasta ese momento comienza a renacer con algo nuevo que se mueve y le salta en el vientre y le da por colocar guirnaldas y campanitas para festejar la epifanía, que todos lo sepan, el hombre en la piel de víbora me ha hecho un hijo. Joanne Woodward es Carol Cutrere, una especie de Casandra griega, irreconocible a su favor, dispuesta a complacer a

Val de rodillas. Y Maureen Stapleton se tuvo que conformar con un papel que le quedó mucho mejor que el protagónico, gracias a que no apareció nadie sin visión de la estética que hubiera insistido en que fuera ella y no la Magnani, un horror por error si hubiera aparecido. La Stapleton es Vee Talbott, una desquiciada ama de casa que sufre de alucinaciones celestiales reflejadas en los cuadros que pinta y es lo más cerca a la idiotez que muchas veces proyectó esta actriz hasta en la vida real. La sorpresa la da Victor Jory en su dual rol de la muerte y el diablo dentro del infierno que Williams ha confinado para la Magnani. Llovieron los elogios para los actores, a pesar del farfullar de Brando torturando a la Magnani, que cuando a este se le ocurría darle pie de entrada, ya ella no sabía que decir y se iba fuera de lo que estaba escrito con la suficiente habilidad de improvisar y aplastarlo. La mayoría de los críticos opinaron que la dirección de Lumet era pedestre, confusa, mutilando parte de la obra y dejándola incomprensible. Otros fueron más lejos, la culpa no es Sidney Lumet, sino la decadencia de su autor, algo salvaje en el lugar, título que usaron algunos escenarios latinos en su puesta. Hoy día en el mundo americano se mira el film con otros ojos, los del redescubrimiento. No así en el resto del mundo que desde el primer día lo aplaudió. Porque el resto del mundo, desde los tiempos del tranvía, aceptó a Tennessee Williams como el representante nato de la decadencia teatral norteamericana, muy peligroso para los que trataran de imitarlo porque muchos acabaron por no entender lo que escribían.

Las olvidadas de este año, culminación de una década:

1. *Room at the Top* (Jack Clayton) Simone Signoret, Laurence Harvey, Heather Sears, Hermione Baddeley

Extraño film inglés si uno cree al pie de la letra en la definición de cómo son los ingleses en la cama: fríos, helados, de una pachorra exasperante. Jack Clayton, su director, dice lo contrario en una película que inicia el realismo dentro de los súbditos de su Majestad. Dentro de tanta simulada y mal intencionada niebla que nos han tirado, nosotros le decimos al mundo que padecemos de las altas temperaturas igual que cualquiera y sufrimos sus estragos. Lo que vino detrás de estas almas en subasta fue el delicioso Armagedón de los sesenta: *free cinema*, los Beatles, los pelos largos, la gloria. *Room at the Top* es un término equivalente al arribismo en la clase social más alta, donde el dinero circula a manos llenas, por lo que no importa los sacrificios que haya que hacer sentimentalmente para conseguirlo. Y el sacrificio por supuesto que es Simone Signoret, una mujer mayor mal casada que le enseña al Romeo de Renato Castellani, Laurence Harvey, a tomar sopa de gallina en vez de caldo de pollo. La francesa Simone Signoret asombra con su actuación, ejemplo de hermosura, lo mismo cuando ladea la cabeza para encender un cigarro con una caída de pelo bien premeditada, o cuando escarba el pecho horizontal del amante porque no es posible que todo eso pueda ser de ella, o cuando mira como gata herida el reloj porque no acaba de llegar su adrenalina o cuando se da unos tragos de más para encontrar el valor de suicidarse. Simone Signoret alcanzó unos niveles de popularidad tan grande en Estados Unidos que le entregaron el Oscar sin pensarlo y ella comenzó a cuestionar sus ideas comunistas. Laurence Harvey también inició una carrera de éxitos fuera de Inglaterra. Y aunque Harvey no fotografiaba bien, una amiga mía dijo cuando lo vio en persona que era el único hombre en belleza que le había provocado engañar a su marido, no me perdono la falta de valor en aquel instante. Apenas lo vi, con ropa de invierno, supe que debajo guardaba la provocación sin límites, no era blanco, sino rosado, muy raro para ser inglés, con cierta fragancia a musgo fresco humedecido de rocío. La Signoret también fue premiada en el Festival de Cannes de 1959 y por la BAFTA. La sorpresa la constituyó Hermione Baddeley con una nominación al Oscar por una actuación de 2 minutos y 20 segundos como la mejor amiga de la Signoret. Y continuando con el éxito vino la secuela de *Room at the Top* titulada *Life at the Top* (William Kotcheff, 1965), sosa salvo los momentos de *flashbacks* donde se recuerda a la *Casco de Oro*, como conocían en su país a la Signoret a partir de la película *Casque d'or* (Jacques Becker, 1952). Jack Clayton volvió a tocar la flauta con *The Innocents* (1961) y *The Pumpkin Eater* (1964), pero la crítica fue cruel con su cuidada versión de *The Great Gatsby* (1974), síntoma irrefutable de que muchos conocían el título de la novela, pero pocos la habían leído. Es tan lógico entender a Simone Signoret como Alice Aisgill cuando se ofrece a Joe Lampton/Laurence Harvey, que hasta yo que soy una mujer muy calculadora, mi amiga había quedado devastada con la película, me rindo al verlo, solo tuve ojos para él. *Room at the Top* es para recordar y guardar en ese lugar bien preciado de los sueños donde se dan rienda suelta las pequeñas humectantes aberraciones.

2. *Imitation of Life* (Douglas Sirk) Lana Turner, John Gavin, Sandra Dee, Susan Kohner, Juanita Moore

La película abre con créditos donde piedras de fantasía van cayendo en forma alegórica (¿son gruesas lágrimas?). Un drama de colores de vinyl, sobre todo en los grises, epítome de elegancia. Earl Grant en el apogeo de su fama, persistentes rumores de ser el hermano de Nat King Cole, canta el tema que da título a la película. Son los años 50 por todo lo alto y un final dirigido directamente al corazón y a los ojos para que las lágrimas salgan a raudales. En 1934, John M. Stahl filmó la primera versión ultra sentimental de la novela de Fanny Hurst del mismo título. La blanca Claudette Colbert y la negra Louise Beavers se juntan en un ambiente Art Deco para hacer dinero con una receta de pancake, secreto de cocina de los antepasados de la negra.

La hija de Louise Beavers, Peola/Fredi Washington pasa por blanca y además quiere serlo. En la vida real, Fredi Washington fue una morena clara con la misma confusión de Peola y una vida cinematográfica malograda. Lo más importante que esta primera versión le dejó al idioma castellano fue ese personaje de Peola, acuñada en su dicción por «piola», sinónimo de mulata que rechaza sexualmente a los de su propia raza, se desvive por sus opuestos. Dorothy Dandridge era piola. Sidney Poitier, usando el término masculinamente, un piolo. Y en la obra cumbre de la literatura cubana, *Cecilia Valdés* de Cirilo Villaverde, su protagonista titular era una consumada piola. En la versión de Douglas Sirk (el mago, el brujo de Oz del melodrama), a la Susan Kohner, hija de la actriz mexicana Lupita Tovar, le toca el papel de la piola que aquí la denigran con el estereotipado nombre de Sarah Jane y le dan una golpiza memorable que la condujo a la nominación del Oscar secundario por meterse con blanquitos vedados para ella (pretendía casarse con Troy Donahue), maldita prieta, porque es un film que explota el racismo con exageración para ganar audiencia. Aquí, el alemán Sirk no utiliza la receta de pancake para unir a la negra Juanita Moore con la voraz de hombres Lana Turner, ninguno le llega con el dinero a la posición social que ella ambiciona. En esta versión a Juanita Moore le toca quedarse de criada de la Turner, ahorrando su dinerito para cuando se muera y la gente de su iglesia, a la que nunca deja de asistir, la entierre en grande, con mucho público y colorido. El espectáculo es indescriptible, aparece Mahalia Jackson cantando *Trouble of the World/ Valle de lágrimas*, y un entierro de carroza y cuatro caballos imponentes siguen un desfile con banda de música. La Susan Kohner se abre paso entre el congestionado gentío que observa la marcha hacia el cementerio y se lanza sobre la carroza a llorar a su madre, al fin la ha aceptado del color que es, le pide el perdón demasiado tarde y casi tienen que arrastrarla, tremendo show en medio de la calle, para que pueda continuar el mortuorio. Douglas Sirk es uno de los directores de cine más importantes de los años 50. Con *Imitation of Life* cerró su período americano, se fue a morir a Suiza. Inventó un género, la *soap opera* cinematográfica, un estilo que correspondía en color, vestuario y decoración con la época que vivía, el progreso de la familia media americana unido a inseguridad, racismo y discriminación social. Y le surgieron los seguidores y casi todos triunfaron. Uno de los más reconocidos le nació en España: Pedro Almodóvar.

3. *North by Northwest* (Alfred Hitchcock) Cary Grant, Eva Marie Saint, James Mason

De esta intriga internacional que termina en me caigo o no me caigo sobre las cabezas esculpidas en piedra de cuatro presidentes norteamericanos (visitar el Parque Nacional de Monte Rushmore en Dakota del Sur) no hay que decir mucho porque una sola escena lo dice todo. Y es la escena que nuestros hijos y nuestros nietos y cuando se acabe el mundo quedará como prueba fehaciente y digna de que existió un oficio llamado "hacer cine". Cary Grant, en medio de una carretera solitaria, rodeado de despojos de maizales espera a alguien, sin saber que ese alguien es la muerte en persona que viene a acabar con él de cualquier forma. Cuando todas esas formas para cazarlo parecen haberse agotado, irrumpe un aeroplano volando casi a ras de tierra que nos pone a correr a todos. Cary Grant había brillado en los 30, se lucía en los 40 y Hitchcock lo hace renacer en los 50. Cary Grant fue un ladrón de cine que atrapó y seguirá atrapando a más de una generación indiscreta, notoriamente, porque de él es nuestro corazón sin sospecha, un desolado corazón víctima del celuloide, algo para recordar dos veces. La música correspondió a Bernard Herrmann durante un largo período de enamoramiento laboral con Alfred, luego dejaron de hablarse. Las secuencias iniciales correspondieron a Saul Bass donde utilizó por primera vez la tipografía de los créditos en movimiento. A instancias de Hitchcock, la MGM tuvo que pagar a la Paramount por filmar con el sistema VistaVision. El traje gris que usa Cary Grant durante casi toda la cinta está catalogado como el más elegante que actor alguno haya expuesto en la pantalla. Y el colmo, para los que en voz baja comentaban la escena final, el propio Hitchcock les reafirmó el cuchicheo: Si especularon si el tren entrando en un oscuro túnel era con premeditada certeza un símbolo fálico, por supuesto, una de las más importantes y queridas tomas en toda mi carrera. Unos momentos antes Cary Grant le ha extendido a la Marie Saint la mano para subirla a su litera, no se sabe, o Hitchcock sí sabía con qué intención la encaramaba.

4. *The Hanging Tree* (Delmer Daves/terminada por Karl Malden) Gary Cooper, Maria Schell, Karl Malden, George C. Scott, Ben Piazza

Acuñado como un oeste con motivaciones psicológicas muy poco frecuentes para una película de vaqueros de los años 50. *The Gunfighter* (Henry King, 1950), *High Noon* (Fred Zinnemann, 1952) y *Man of the West* (Anthony Mann, 1958) también se encuentran en esa lista. *The Hanging Tree* desarrolla su trama durante la quimera del oro entre 1860 y 1870 en los yacimientos auríferos de Montana. Las filmación se llevó a cabo en escenarios naturales muy parecidos en Oak Creek, en las montañas al oeste de Yakima, estado de Washington. *The Hanging Tree* está basada en una novela de Dorothy M. Johnson, que le brindó al cine textos para otros dos oestes de éxitos: *The Man Who Shot Liberty Valance* (John Ford, 1962) y *A Man Called Horse* (Elliot Silverstein, 1970). Lo mejor del film es el trabajo actoral en conjunto, salvo el principiante George C. Scott, exagerado y contraproducente en sus gestos y miradas, aún no se sabe cómo pudo superar esa etapa y convertirse en un magnífico actor. Por malacrianzas de Daves (afortunadamente) que abandonó el proyecto antes de terminarse, Karl Malden tomó las riendas de la dirección y se encargó de cerrarlo con brillantez. Gary Cooper, desgarbado, con la ansiedad de las quinientas interrogantes en una sola mirada muy dulce hacia Maria Schell que le da la espalda después de entregar la propiedad de su mina de oro para salvarle de la horca, entreabre los labios y la aqueja por su nombre: E... liz... a... beth... Maria Schell se voltea y es la primera vez que el cine americano le daba su estelar de gran estrella, junto a uno superior a ella como Cooper, de lo cual se estaba dando perfecta cuenta y sabía que tenía que echar a un lado sus risitas, sus monerías, comportarse a la altura del galán o de lo contrario el árbol de la horca sujetaría la soga para su pescuezo. Ben Piazza se anunció como un debut prometedor, un nuevo James Dean. Él prefirió proteger su homosexualidad en la televisión donde recibió premios de todos los colores y en Broadway, interpretando desde Shakespeare hasta Edward Albee, además de novelista y autor de obras de teatro. Lo no imaginable, la canción *The Hanging Tree*, letra y música de Mack David y Jerry Livingston, cantada al inicio y al final de la película por Marty Robbins (*I came to town to search for gold...*) alcanzó niveles de popularidad insospechables. Si practicamos un ejercicio de hipnosis sin hipnosis, cerrar brevemente los ojos, llamar a la casa del recuerdo dando por dato *The Hanging Tree,* cuatro cosas aparecerán siempre al momento: el verde y absorbente paisaje, la canción tema, Gary Cooper en la recta final desahuciado por un cáncer del pulmón... y la aquí, repetimos que aquí, no hace falta que se los jure, maravillosa Maria Schell.

5. *Suddenly, Last Summer* (Joseph L. Mankiewicz) Katharine Hepburn, Elizabeth Taylor, Montgomery Clift, Mercedes McCambridge, Albert Dekker

Esta es otra de las películas en la que el Código Hays no solo vuelve a quedar desprestigiado, sino su entierro definitivo. No solamente el personaje central Sebastian Venable, muerto en circunstancias inconfesables de repente en el verano pasado, era poeta y homosexual sino que por boca de su prima Catalina nos enteramos de su extraño hobby: los tipos de hombres que le gustaba devorar según el período emocional e irracional por el que transitara, prostituto alebrestado y de cómo su madre, la Violeta, se prestaba al juego de ayudarlo a conseguirlos. Cuando la madre dejó de tener encantos para atrapar a sus víctimas hasta acercarlos a la labia de su hijo, Sebastian decidió, ya que esos impulsos que luego lo empujaban a la creación de un libro no debían reprimirse, utilizar a Catalina. La simple de su prima no tenía ninguna preocupación intelectual y no se daría cuenta. La película desarrolla esta sordidez en medio de un jardín de plantas carnívoras y de un manicomio donde a Catalina la someterán a una lobotomía para que no siga contando indecencias de la familia. El doctor Azúcar es el encargado de la siniestra operación a cambio de un puñado de dólares para sustentar el hospital donde trabaja. Pero no puede ser posible que llegue a tanto porque él es Montgomery Clift y ella es Elizabeth Taylor, el único amor femenino que en toda su vida tuvo el actor. Katharine Hepburn, la verdaderamente insana en este embrollo, siente que es su deber proteger la sexualidad de su hijo como protegió en la vida real la de Spencer Tracy inventándose un romance más allá de la muerte y en contacto con los espíritus. Si ya no hay Código Hays que nos detenga, la verdad hay que ponerla por delante. A la Hepburn no le queda de otra que aceptarla. Como aceptó que la Taylor fuera nominada al Oscar junto con ella, porque a fin de cuentas lo que acaba de decir pudo haber sido cierto. *Suddenly, Last Summer* es una película con ambiciones de obra de arte, que no lo es, pero se le acerca bastante a pesar de la descomposición y el excremento que expele. Gracias a ella, el cine que vino después discutió, presentó y abarcó temas que en los tiempos de Hays hubieran resultados embarazosos, confusos y hasta sicalípticos por las veladuras de la censura. Si miramos la película con ojos juiciosos, Tennessee Williams y Gore Vidal (su adaptador) nos tomaron el pelo. Al inicio aclaran muy bien que estamos en 1937 aunque la Taylor salga vestida con 22 años adelantada. A Sebastian se lo comieron vivo un año antes, por España, comienzo de la Guerra Civil. Es suficiente, hagan ustedes sus conjeturas, sean benévolos con el símbolo del canibalismo.

6. *Journey to the Center of the Earth* (Henry Levin) James Mason, Arlene Dahl, Pat Boone

Los franceses, genéticamente, siempre han criticado a Estados Unidos y en especial a su cine, salvo aquellos iluminados que encontraron que dedicarse a este oficio era una deliciosa enfermedad y hasta un recomendable adulterio conyugal defendiendo a muerte ese producto americano. Los americanos, que nunca han vivido de esos poquitos, adoptaron muchas cosas francesas, como la línea de diseño de Coco Chanel y su perfume, a Renée Adorée, a Maurice Chevalier, a Claudette Colbert, a Lili Damita, a Charles Boyer, a Jean-Pierre Aumont, a Jean Gabin, a Marcel Dalio, a Claude Dauphin, a Simone Simon, a Michèle Morgan, a Danielle Darrieux, a Annabella, a Micheline Presle, a Louis Jourdan, a Leslie Caron, a Denise Darcel, a Corinne Calvet, y tantos y tantos actores así como a un racimo de directores clásicos que durante los años 40 incursionaron por los estudios de Hollywood. De su literatura, *Los miserables, Los tres mosqueteros, El jorobado de Nuestra Señora de París, El conde de Montecristo* y casi todas las novelas de Julio Verne se hicieron más populares en el nuevo continente que en su propia tierra. No es de extrañar que la película *Journey to the Center of the Earth* sea un regalo de calidad para los niños, para los jóvenes y para los adultos que una vez lo fueron y disfrutaron esa etapa de la vida. Su director, Henry Levin, con una filmografía anodina, ha sido rescatado del limbo por esta película y otras dos extrañas incursiones anteriores. En 1946 realiza *Night Editor*, un pequeño *film noir* donde Janis Carter es más malévola que el diablo y sus parlamentos así como sus miradas son cuchillos lanzados al aire para matar a cualquiera, detenerla no es tarea fácil. En 1948, Levin dirige *The Man From Colorado* con Glenn Ford y William Holden, digno estudio del sadismo en un ambiente de vaqueros después de terminada la Guerra de Secesión, como si Glenn Ford fuera la premodelación insana de Goebbels. En *Viaje al centro de la tierra* quien no disfrute las peripecias de sus personajes, los monstruos con vida en el interior del planeta, el inmenso océano que es el centro mismo, es porque creció falto de imaginación y debe correr inmediatamente al psiquiatra para recuperarla. Los tres actores principales dan la talla, están convencidos de interpretar una obra de Oscar Wilde, digamos, *The Importance of Being Earnest (*por aquello de que es una obra de maneras y amanerados en extremos*)*, incluyendo a Pat Boone que canta un poema de Robert Burns situándose en la época de la historia. Las secuelas y los *remakes* que vinieron después (quiere decir que la película tuvo arraigo) carecen de este encanto, no importa la tercera dimensión que le hayan puesto u otros efectos especiales que en definitiva las hicieron menos eficaces. Saludable es viajar hacia atrás, al año 1959 y buscar esta joya para disfrutarla con toda la familia, un intercambio de emociones entre diferentes generaciones. Porque el haber sido realizada para todas las edades no le resta mérito, ni el menor de ellos, que es enorme para los que ignoren esta película.

Nota de incertidumbre: Los fanáticos del film se quejan de que realizaron dos versiones, la americana y la inglesa, con diferentes créditos. El famoso poema de Robert Burns cantado por Pat Boone solo aparece en una y dicen, por supuesto, que no es en la inglesa para evitar represalias.

7. *The Gazebo* (George Marshall) Glenn Ford, Debbie Reynolds, Carl Reiner

En 1944, Frank Capra realiza una despampanante comedia de humor negro, *Arsenic and Old Lace*, donde un par de honorables viejitas mandan al otro mundo sin ningún escrúpulo, pero con mucho Alzheimer, al que se les ponga por delante. En 1955, aprovechando los efectos del VistaVision puesto de moda por la Paramount, Alfred Hitchcock vuelve a las andadas del humor negro, enterrar y desenterrar un cadáver utilizando como fondo el sobrecogedor paisaje natural de otoño de Nueva Inglaterra, a todo meter, en lo que se conoce como *The Trouble with Harry*. George Marshall, con una larga y dispareja filmografía de oestes, comedias, policíacos, hasta astracanadas musicales donde logran sobresalir con peso dos o tres títulos, *Show Them No Mercy!* (1935), *Destry Rides Again* (1939) y *The Blue Dahlia* (1946), retoma la comedia negra con *The Gazebo* donde llama la atención su ingenio y desaforada picardía: Glenn Ford tiene que matar al hombre que lo chantajea con unas fotos desnudas de su esposa cuando era casi una niña, al menos con las piernas cerradas, aunque el busto empinado. Para deshacerse del muerto lo entierra en un *gazebo* en construcción, más al cabo del tiempo el muerto aparece, entonces, ¿a quién mató Glenn Ford? Y aquí comienza la delirante odisea de Glenn apoyado por un elenco de expertos actores de teatro y la televisión: Carl Reiner, Doro Merande, John McGiver, Mabel Albertson y el principiante Martin Landau. De que hubo un muerto, lo hubo, pero aquí no vamos a desentrañar el misterio. Sin embargo, ¿cómo limpiar un poco la imagen de Ford como asesino cuando él lo es, además de ser el galán principal de la cinta y estamos frente a una comedia? Con humor negro, por supuesto. El hombre al que matan, antes de que la bala lo atravesara, muere de un infarto. No entiendo nada. ¿Y la bala? Desapareció en manos de un pájaro que se roba los créditos ululando de aquí para allá, Herman, la paloma. A pesar de los excesos macabros bien divertidos, *The Gazebo* no fue bien recibida por cierto sector. ¿Y por qué? Por la cosa más banal que puede poseer (envolver) a un ser humano en los albores de los años sesenta: se filmó en blanco y negro y el público quería ver el cine como una simulación de la vida, una mentira llena de colores. No importa que Debbie Reynolds cantara y bailara en forma jazzeada *Something Called Love*, que le sirvió como punto de partida para realizar grandes temporadas de cabaret en las Vegas y Atlantic City y recuperar el dinero que su exmarido de entonces le había despilfarrado y que no lo mató porque no tenía ningún *gazebo* en construcción donde enterrarlo, ni a Herman la paloma que se tragara la bala. Con los años, la Debbie, que era una diminuta mujer, se fue creciendo como diva, recibió una nominación al Oscar por *The Unsinkable Molly Brown* (Charles Walters, 1964). Igual que ayer, *The Gazebo* sigue recibiendo alabanzas de gran comedia dentro del género de humor negro.

Epílogo

Para los fanáticos del oeste, *Rio Bravo* (Howard Hawks) debió aparecer en todas las listas. Su importancia crece más aún cuando dio pie a dos *remakes* dirigidos por el propio Hawks: *El Dorado* (1966) y *Rio Lobo* (1970). Sin dejar de mencionar las inspiraciones, entre las que se encuentran las dirigidas por John Carpenter: *Assault on Precinct 13* (1976) y *Ghost of Mars* (2001).

Índice de películas reseñadas

A Farewell to Arms/167
A Hatful of Rain/176
A Place in the Sun/39
A Streetcar Named Desire/43
All About Eve/17
An American in Paris/49
Anastasia/156
Anatomy of a Murder/223
Around the World in 80 Days/141
Auntie Mame/204
Baby Doll/140
Bad Day at Black Rock/134
Ben-Hur/209
Born Yesterday/22
Bright Victory/46
Broken Arrow/27
Bus Stop/144
Calamity Jane/96
Captain Horatio Hornblower/43
Carmen Jones/106
Cat on a Hot Tin Roof/196
Come Back, Little Sheba/62
Compulsion/219
Cyrano de Bergerac/30
David and Bathsheba/52
Death of a Salesman/51
Detective Story/42
East of Eden/121
Executive Suite/105
Father of the Bride/23
Fourteen Hours/54
Friendly Persuasion/146

From Here to Eternity/79
Giant/150
Gigi/200
Guys and Dolls/124
Harvey/29
High Noon/58
Houseboat/194
I Want to Live!/188
Imitation of Life/228
Ivanhoe/64
Journey to the Center of the Earth/234
Julius Caesar/86
King Solomon's Mines/32
Kiss Me Kate/90
La Strada/153
Les Girls/169
Lili/83
Limelight/60
Love in the Afternoon/171
Love is a Many-Splendored Thing/131
Love Me or Leave Me/129
Lust for Life/143
Magnificent Obsession/114
Marty/123
Mister Roberts/122
Mogambo/89
Moulin Rouge/72
Niagara/97
North by Northwest/230
Oklahoma!/127
On the Beach/218
On the Waterfront/101
Our Very Own/34
Peyton Place/173
Pickup on South Street/93
Picnic/133

Pillow Talk/216
Porgy and Bess/212
Quo Vadis/47
Raintree County/166
Rear Window/103
Rebel Without a Cause/133
Rogue Cop/115
Roman Holiday/88
Room at the Top/226
Sayonara/163
Separate Tables/198
Seven Brides for Seven Brothers/109
Shane/92
Show Boat/39
Singin' in the Rain/74
Some Like It Hot/214
South Pacific/190
Stalag 17/85
Star is Born/102
Strangers on a Train/53
Suddenly, Last Summer/232
Sunset Boulevard/19
That's My Boy/40
The African Queen/50
The Asphalt Jungle/24
The Bachelor Party/182
The Bad and the Beautiful/73
The Bad Seed/158
The Band Wagon/80
The Big Carnival/Ace in the Hole/53
The Bridge on the River Kwai/164
The Caine Mutiny/112
The Country Girl/107
The Defiant Ones/191
The Desperate Hours/126
The Diary of Anne Frank/221

The Fugitive Kind/224
The Gazebo/236
The Glenn Miller Story/111
The Great Caruso/45
The Greatest Show on Earth/63
The Hanging Tree/231
The Inn of the Sixth Happiness/187
The King and I/139
The Man with the Golden Arm/132
The Marrying Kind/68
The Naked Spur/95
The Nun's Story/211
The Old Man and the Sea/202
The Quiet Man/69
The Robe/81
The Rose Tattoo/28
The Snows of Kilimanjaro/57
The Ten Commandments/148
The Third Man/26
The Three Faces of Eve/181
The Vikings/203
The Young Lions/192
Time Limit/179
Viva Zapata!/66
War and Peace/151
Where's Charley?/71
White Christmas/108
Wild is the Wind/178
Witness for the Prosecution/175
Written on the Wind/155